recomendación pastoral

Con mucho gozo y profunda gratitud recomendamos el libro El Arte Redimido, escrito por nuestra hija espiritual Yolanda Michelle. Esta obra no solo comunica conocimiento, sino que emana convicción, pureza de llamado y una comprensión madura del corazón de Dios para las artes dentro de Su Iglesia.

En cada página se percibe un altar levantado con reverencia, donde el arte deja de ser un medio de exhibición para convertirse en una expresión viva de adoración, obediencia y entrega. Yolanda Michelle escribe desde la experiencia, la Escritura y el proceso, guiando al lector a redescubrir que toda creatividad nace en Dios y vuelve a Él cuando es rendida con un corazón consagrado.

El Arte Redimido es un recurso necesario y oportuno para líderes, ministros de adoración y artistas que desean servir con orden, discernimiento espiritual y excelencia, entendiendo que el verdadero impacto no proviene del talento, sino de una vida alineada con la presencia de Dios.

Creemos firmemente que este libro será de edificación, confrontación santa y dirección clara para muchos. El altar sigue llamando, y esta obra es una respuesta fiel a ese llamado.

Con amor pastoral y orgullo espiritual,

PASTORES RICK & MARI VEGA,
CASA SHALOM CLEVELAND

el arte redimido

LA RESTAURACIÓN DE LA BELLEZA EN LA IGLESIA

YOLANDA MICHELLE ORTIZ

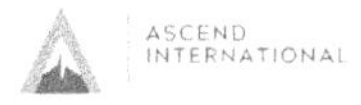
ASCEND INTERNATIONAL

First Edition: 2026
Printed in the United States of America
Paperback ISBN-13: 978-1-969157-02-8

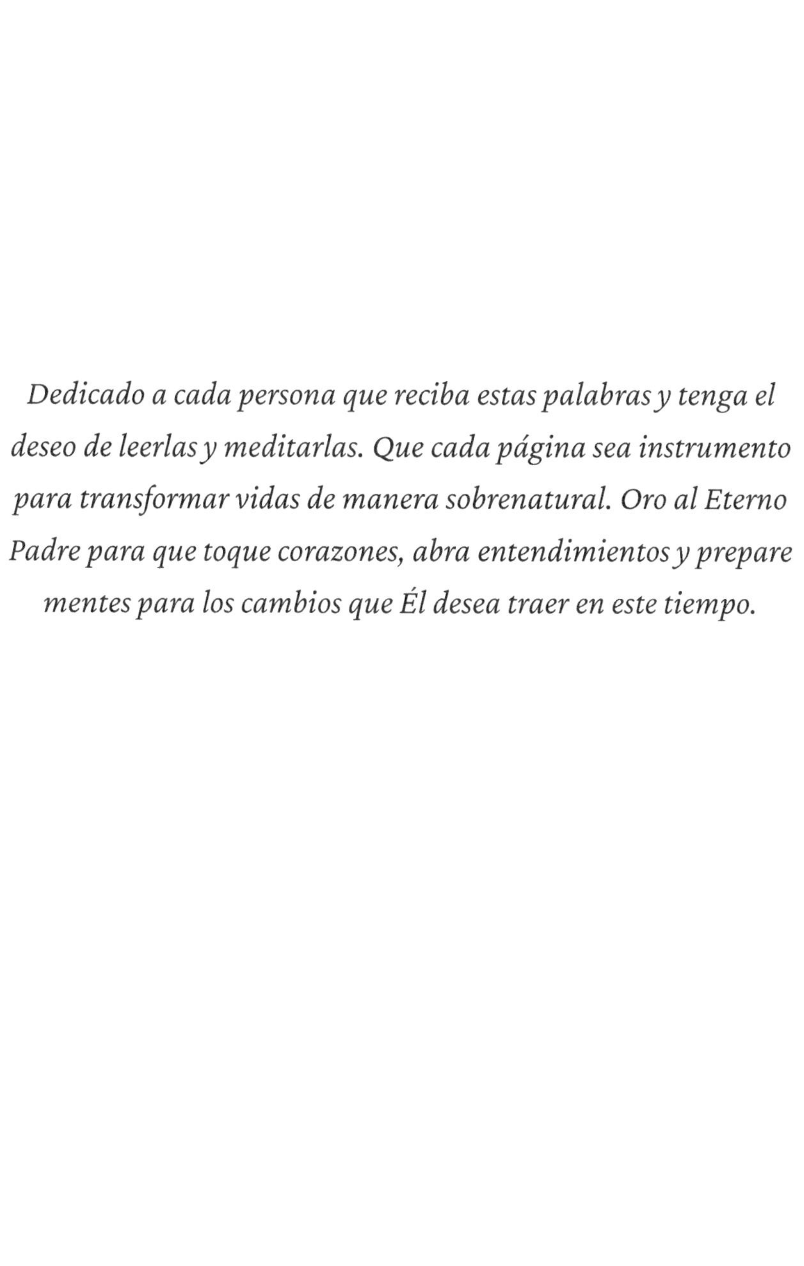

Dedicado a cada persona que reciba estas palabras y tenga el deseo de leerlas y meditarlas. Que cada página sea instrumento para transformar vidas de manera sobrenatural. Oro al Eterno Padre para que toque corazones, abra entendimientos y prepare mentes para los cambios que Él desea traer en este tiempo.

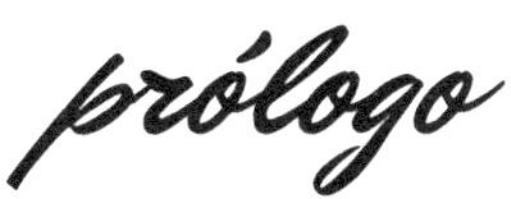

prólogo

"Así que, hermanos, os ruego por las misericordias de Dios, que presentéis vuestros cuerpos en sacrificio vivo, santo, agradable a Dios, que es vuestro culto racional. No os conforméis a este siglo, sino transformaos por medio de la renovación de vuestro entendimiento, para que comprobéis cuál sea la buena voluntad de Dios, agradable y perfecta".

ROMANOS 12: 1-2

Estas palabras del Apóstol Pablo a la Iglesia de Roma contienen todos los elementos de la verdadera adoración. Encontramos que la única razón y motivación para adorar es Dios mismo, quien es el único digno de recibirla, quien es bueno, fiel y misericordioso. Le adoramos por quien es Él, por su naturaleza eterna, infinita y moralmente perfecta. Por su santidad, porque Dios es absolutamente puro, sin pecado y separado de toda maldad. Le adoramos por su amor, porque Dios es el amor mismo, compasivo y busca el bien de su creación. Por su omnipotencia, omnisciencia y omnipresencia; Él es Dios Todopoderoso, nada es imposible para Él, lo sabe todo, pasado, presente y futuro, y está presente en todo lugar, al mismo tiempo. Le adoramos porque es inmutable, Él no cambia, su carácter y promesas son estables. Por su eternidad, pues Dios no tiene principio ni final. Le adoramos porque Él es justo, es recto y equitativo en todos sus juicios. Porque es clemente, compasivo y perdonador. Le adoramos porque Él tiene todo el control supremo. ¡Le adoramos por quien es Él!

Y el conocimiento y la comprensión de cada atributo De Dios nos conduce a la adoración.

Pero también en estas palabras del Apóstol Pablo se describe la forma de nuestra adoración: "presentéis vuestros cuerpos en sacrificio vivo y santo". Esto significa que nuestros cuerpos son instrumentos vivos de adoración. Presentar nuestros cuerpos significa dar a Dios todo de nosotros mismos. La referencia a nuestros cuerpos aquí significa que debemos utilizar todas nuestras facultades humanas: nuestros pensamientos, emociones, mentes, actitudes, manos, pies; todo nuestro ser se debe presentar en adoración ante Dios.¿Cómo se logra esta entrega total?

Esto se hace posible a través de la renovación de nuestra mente, de nuestro entendimiento de los principios bíblicos de adoración.

Cuando un creyente entiende cuál es y cómo se expresa la adoración a Dios, se capacita y es entendido y libre para hacerlo. Y este es precisamente el propósito de esta publicación.

En estas páginas encontrarás revelaciones bíblicas sobre una de las expresiones bíblicas más comunes de adoración al Eterno: la danza, fundamentos y expresiones corporales.

La autora profundiza en el significado de la danza profética, espontánea, davídica y aérea. Danza coreografiada o espontánea, la danza hebrea. También danza congregacional, de intersección y de guerra espiritual.

Prepárate para adentrarte en las verdades de las Sagradas Escrituras sobre el arte de danzar para el Señor. ¡Prepárate para adorar con pasión, entrega y conocimiento!

APÓSTOL DRA. MARLYN ARROYO
MINISTERIO REDES

agradecimientos

Doy toda gloria, honra y honor a mi Padre Celestial, quien en su gracia inmerecida me concedió el privilegio de completar este estudio y avanzar en la misión que Él me ha confiado.

Agradezco profundamente a mi amado esposo, el Evangelista Manuel Rodríguez, por su apoyo constante. Gracias por tu paciencia, tu comprensión, tu espacio y tus palabras de ánimo durante cada etapa de este proceso.

A mi familia, gracias por sostenerme con amor mientras dedicaba tiempo y esfuerzo a mis estudios.

A mis Pastores Rick y Marisol Vega, gracias por creer en mí y animarme en todo momento a continuar. Su respaldo ha sido un regalo del cielo.

Extiendo mi agradecimiento a mi excelente profesora, la Apóstol Marlyn Arroyo, y a su esposo, el Apóstol Carlos Martínez. Esta experiencia universitaria fue enriquecida por su guía, su enseñanza y su dedicación.

Y con especial cariño, bendigo la vida de mis compañeros de clase, un grupo hermoso de estudiantes con quienes compartí esta jornada. Oro para que el Señor continúe perfeccionando su obra en cada uno de ustedes.

índice

introducción

El arte siempre ha pertenecido a Dios. Desde la creación del universo hasta los detalles del tabernáculo, desde la danza de Miriam hasta la adoración de David, la belleza ha sido un vehículo mediante el cual el Padre revela su gloria y acerca los corazones a su presencia. Este libro nace de esa convicción: que las artes son herramientas sagradas dadas al pueblo de Cristo para edificar, sanar, enseñar, liberar y anunciar el Reino.

Durante años, en muchas congregaciones, la danza y las expresiones artísticas han sido malinterpretadas, relegadas o incluso rechazadas. Sin embargo, la Escritura demuestra que Dios ha usado el movimiento, el color, la música y la expresión visual como lenguajes espirituales cargados de significado. Lo que a veces llamamos "arte" es, en realidad, un eco de la creatividad divina depositada en nosotros al ser creados a su imagen.

Este libro está escrito para ti: líder, ministro, pastor, adorador, intercesor o danzor que desea servir con pureza, excelencia y entendimiento. Aquí encontrarás fundamentos bíblicos, principios espirituales, formación técnica, instrucciones prácticas y verdades que transforman el corazón antes de transformar el movimiento. Porque la danza no comienza en los pies; comienza en la consagración. No fluye desde el talento; fluye desde la intimidad. No impacta por la técnica; impacta por la unción.

A través de estas páginas verás que la adoración con artes es más que una presentación. Es mensaje. Es guerra. Es evangelio visual. Es profecía en movimiento. Es intercesión. Es un lenguaje capaz de entrar donde las palabras no encuentran camino. La belleza se convierte en predicación. El color en enseñanza. El sonido en oración. El movimiento en altar.

Este libro también honra la formación del ministro. Dios no solamente llama adoradores; forma a adoradores. La santidad, la obediencia, la sumisión, la humildad, la pureza del corazón y el carácter son más importantes que cualquier instrumento. La vida del adorador es su mayor danza. Por eso aquí encontrarás un llamado profundo a vivir en el altar, a desarrollar disciplina espiritual, a cuidar el cuerpo, a perfeccionar la técnica y a mantener el corazón alineado al Espíritu Santo.

Además, se presentan herramientas esenciales como

mantos, banderas, panderos, colores, instrumentos proféticos y modalidades diversas de danza. Todo está organizado para que entiendas no solo cómo se usan, sino por qué se usan y qué significan en lo espiritual. Cada elemento tiene propósito, cada color tiene mensaje, cada instrumento tiene voz.

También exploramos cómo las artes alcanzan a los perdidos, fortalecen la comunidad y discipulan generaciones. La danza no solo construye adoradores; construye discípulos. El deporte, la expresión artística, el movimiento corporal y la creatividad son puertas abiertas para ministrar a jóvenes, niños y familias completas. El Padre está usando las artes para tocar corazones endurecidos, sanar heridas profundas y revelar su amor en lugares donde el púlpito no llega.

Mi deseo es que, al leer este libro, el Espíritu Santo despierte en ti una pasión más profunda por adorar al Señor con todo lo que eres: espíritu, alma y cuerpo. Que cada capítulo encienda tu llamado. Que cada verdad te impulse a consagrarte más. Que cada herramienta se convierta en instrumento profético en tus manos. Que cada danza salga desde el fuego del altar y vuelva al cielo como ofrenda agradable.

Este libro no es teoría. Es vida.

Es convicción.

Es formación.

Es llamado.

Y ahora, al comenzar esta jornada, oro que la presencia

de Dios te acompañe en cada página, que tu corazón se abra a su voz, y que tus pasos (literales y espirituales) te conduzcan más cerca de Él, para que toda tu adoración, en cualquier forma, glorifique su nombre.

Bienvenido(a).

Comencemos.

UNO

creados para su gloria

FUNDAMENTO BÍBLICO DE LAS ARTES

DIOS ES el origen del arte. Cuando la Palabra revela que Él es el Creador de todo lo visible y lo invisible, también nos muestra que la belleza, la forma, el color y el movimiento nacen de su naturaleza. No son inventos humanos. No son productos culturales. Son expresiones del carácter creativo del Padre.

Desde el principio, Dios dotó al ser humano con la capacidad de crear y disfrutar lo que es hermoso. Fue parte del diseño original para que pudiéramos relacionarnos con Él. Así lo expresa este pensamiento esencial:

> "El arte tiene su origen en nuestro buen Dios para su gloria y nuestro deleite."

Por eso, cada vez que hablamos de artes dentro de la Iglesia, no estamos hablando de adornos, entretenimiento o elementos opcionales. Estamos hablando de una herencia divina. Estamos hablando de un lenguaje espiritual que Dios ha usado desde la antigüedad para revelar su carácter y para acercar corazones a su presencia.

Cuando Génesis declara que fuimos creados a imagen de Dios, describe algo más que moralidad o voluntad. Describe creatividad. Describe sensibilidad espiritual. Describe la capacidad de expresar en forma visible lo que ocurre en el espíritu. Esta realidad está resumida con claridad en una frase fundamental:

> "Tenemos el ADN del Padre en nosotros."

Ese ADN incluye inteligencia creativa, expresión emocional, sensibilidad estética y habilidad para plasmar mensajes espirituales por medio del cuerpo, el color, la música o el movimiento. No es casualidad que las artes tengan poder para tocar corazones, abrir entendimiento y despertar fe. Dios las diseñó así.

EL PROPÓSITO DE LAS ARTES EN EL PUEBLO DE DIOS

A lo largo de la historia bíblica, las artes han estado presentes como herramientas espirituales, pedagógicas y proféticas. No aparecen como distracciones, sino como expresiones vivas de adoración y enseñanza. Las construcciones del tabernáculo, las vestiduras sacerdotales, los instrumentos musicales, las danzas celebrativas y las expresiones corporales fueron parte integral del culto.

El arte guiaba al pueblo. Contaba lo que muchos no podían leer. Señalaba lo que otros no podían entender. Por eso se afirma:

> "El arte ha sido un medio valioso para transmitir la fe cristiana y representar las enseñanzas bíblicas."

Hoy, al igual que ayer, las artes siguen cumpliendo esa función. En congregaciones donde la palabra predicada se recibe con resistencia, una expresión artística puede abrir el corazón. En lugares donde la tradición ha endurecido la sensibilidad espiritual, un gesto de adoración puede romper cadenas internas. Las artes no sustituyen la Palabra. La iluminan. La confirman. La preparan.

Dios utiliza la belleza como puente para comunicar misericordia. Utiliza el color para anunciar esperanza. Utiliza la danza para revelar libertad. Utiliza el movimiento para confrontar el temor y despertar hambre por su presencia.

Por eso, cuando hablamos de artes en la Iglesia, no hablamos de técnica únicamente. Hablamos de misión.

EL ARTE COMO HERRAMIENTA EVANGELÍSTICA Y PASTORAL

Las artes alcanzan donde la palabra verbal a veces no llega. En ambientes cargados emocionalmente, un movimiento puede tocar lo que un sermón no logra. En corazones quebrados, una danza puede activar sanidad emocional. En personas alejadas de la fe, un acto artístico puede abrir una puerta que estaba cerrada desde hace años.

Este poder no es emocionalismo. Es diseño divino.

Una experiencia personal lo ilustra. En un momento de crisis, una ministra entró cantando y danzando. Su expresión combinada transmitía algo más que técnica: transmitía presencia. Esa ministración produjo libertad interna inmediata. Así está descrito:

> "Eso me ministró tanto que rompí en llanto... Dios había comenzado una sanidad interior en mí ese día."

Ese es el impacto espiritual del arte cuando está rendido al Espíritu Santo. La danza se convierte en herramienta profética. La música abre el espíritu. El color comunica lo eterno. El movimiento se transforma en plegaria visible. El arte en la Iglesia no opera a nivel superficial. Opera en el alma.

Por eso, el ministro de arte (sea danzor, músico, actor o intérprete visual) debe entender que su función es pastoral.

Su obra toca, sana, confronta y prepara el corazón del pueblo. Es una forma de cuidado espiritual.

LA BELLEZA COMO TESTIMONIO DEL CREADOR

La creación muestra que Dios ama la belleza. No la considera superficial. No la desprecia. La integra en todo lo que hace. Por esa razón, la estética dentro de la Iglesia debe entenderse como una extensión del carácter divino.

No se trata de buscar perfeccionismo, sino excelencia espiritual. No se trata de llamar la atención, sino de dirigir la mirada hacia la hermosura del Señor. Así lo afirma un pasaje central:

> "Dios lo hizo todo hermoso para el momento apropiado."

La hermosura, entonces, no es un lujo. Es una declaración. Cuando la Iglesia abraza la belleza como parte de su expresión espiritual, está honrando al Dios que la diseñó. Cuando la rechaza por miedo o tradición, está renunciando a un idioma que el propio Creador utiliza.

CUANDO EL ENEMIGO DISTORSIONA LO QUE DIOS CREÓ

Aunque el arte nace en Dios, el pecado afectó la manera en que el ser humano lo usa. Después de la caída, la creatividad quedó expuesta a motivaciones impuras. Fue utilizada para orgullo, sensualidad, idolatría o exaltación humana. Este peligro se expresa claramente:

> "Los seres humanos usan el arte con diferentes fines... aun aquellas cosas creadas con un propósito santo pueden convertirse en instrumentos desagradables."

El enemigo quiere que el arte pierda su propósito. Quiere que la danza se convierta en exhibición. Quiere que la música se convierta en distracción. Quiere que la belleza se convierta en idolatría. Su estrategia es pervertir lo que Dios estableció para adoración.

Pero la Iglesia no responde atacando las artes. Responde restaurándolas. Responde consagrándolas. Responde llevándolas de vuelta al altar.

La oposición espiritual no cancela el uso del arte. Lo confirma.

UN LLAMADO A LA REDENCIÓN DE LAS ARTES

Dios no creó nada para que el enemigo lo robe. Todo lo que salió de su corazón puede volver a Él. Esta convicción establece un llamado poderoso para este tiempo. La Iglesia está viviendo un momento donde necesita recuperar expresiones que dejó caer por temor, religiosidad o desconocimiento.

La responsabilidad espiritual es clara:

> "Las artes deben servir el fin de la Iglesia, pero no son el fin."

Este principio guía todo ministerio de arte. No se trata de exhibición. No se trata de entretenimiento. No se trata de mostrar talento. Se trata de servir al cuerpo, apuntar al Salvador y exaltar el nombre de Dios.

Redimir el arte significa devolverle su propósito. Significa usarlo como herramienta para adoración, enseñanza, intercesión y evangelización. Significa permitir que el Espíritu Santo lo use para revelar lo invisible.

UNA VISIÓN PARA ESTE TIEMPO

El fundamento de este libro es simple y profundo: Dios creó el arte para su gloria y para el bien de su pueblo. Cuando la Iglesia abraza esta verdad, puede usar la belleza como arma espiritual, la danza como lenguaje profético y el movimiento como acto de adoración.

Esta convicción está resumida en una declaración que establece el tono de todo el libro:

> "Recordando siempre que el arte tiene su origen en nuestro buen Dios, quien lo ha creado para su gloria y para nuestro deleite."

Este capítulo sienta la base para lo que sigue. A partir de aquí, cada enseñanza se construye sobre tres columnas firmes:

1. Las artes pertenecen a Dios.
2. El pueblo de Dios debe usarlas con santidad y propósito.
3. El enemigo no puede quedarse con lo que Dios entregó a la Iglesia.

El camino continúa en los siguientes capítulos, donde exploraremos al adorador, la danza, las modalidades ministeriales, los colores, los instrumentos y la formación espiritual y técnica.

El fundamento ya está puesto. El arte le pertenece al Creador. Y cuando vuelve al altar, vuelve a su propósito eterno.

DOS

el adorador y el altar

TODO MINISTERIO auténtico nace en el altar. Ningún movimiento, ningún instrumento y ninguna expresión artística tiene poder si no proviene de una vida rendida delante de Dios. La danza, la música, el color o cualquier manifestación creativa pueden deslumbrar al ojo humano, pero solo transforman cuando proceden de un corazón consagrado. Por eso, antes de hablar de técnica o modalidades, es necesario hablar del adorador. Su vida interior define la profundidad de su expresión exterior.

El arte dentro de la Iglesia no es un adorno del culto; es un vehículo espiritual. Por eso, el carácter del adorador es tan importante como su habilidad. Su integridad, su obediencia, su disciplina y su intimidad con Dios determinan la pureza de lo que ministra. Esta verdad queda establecida desde el principio:

> "El adorador debe tener un corazón moldeable, humilde y obediente."

Este capítulo explora ese corazón. La formación invisible. El carácter secreto. El altar donde se purifican las motivaciones. Porque el adorador no solo ejecuta una danza o levanta un instrumento. El adorador representa al Reino y ministra al pueblo. Y esa responsabilidad exige santidad.

EL TEMOR DE DIOS: LA BASE DEL ADORADOR

Para alabar a Dios con profundidad, primero hay que temerlo. El temor del Señor no es miedo; es reverencia. Es reconocer quién es Él y quién no somos nosotros. Es acercarse al altar con conciencia de su santidad. Por eso la enseñanza comienza recordando:

> "Para alabar a Dios lo primero que debemos entender es el temor de Dios, ya que este es el principio de la sabiduría."

El temor al Señor es lo que frena al adorador de entrar al altar con ligereza. Es lo que lo mantiene lejos del orgullo, del desorden y de la superficialidad. Cuando el temor gobierna el corazón, el ministerio permanece puro. El temor evita que el arte se convierta en espectáculo. El temor mantiene el enfoque en Cristo.

El adorador que teme al Señor no espera reconocimiento. Espera dirección. No busca aplausos. Busca obediencia. No depende del talento. Depende del Espíritu Santo.

ADORAR EN ESPÍRITU Y VERDAD

Jesús estableció el estándar de toda adoración cuando dijo que el Padre busca "adoradores en espíritu y en verdad". Esta enseñanza no está dirigida solo a cantores o músicos; incluye a todo ministro que usa el cuerpo como instrumento de alabanza. La danza, como expresión corporal, debe nacer del espíritu y sostenerse en la verdad.

Este principio queda explicado así:

> "Adorar a Dios en espíritu significa que debe venir de adentro del corazón... motivada por nuestro amor y gratitud a Dios."

Y también:

> "La adoración en espíritu y verdad no está relacionada con cómo se canta, se danza o se interpreta un instrumento sino con el corazón."

El cuerpo puede moverse sin revelar obediencia. Los pasos pueden fluir sin revelar convicción. La técnica puede brillar sin reflejar al Espíritu Santo. Por eso, la adoración verdadera no depende de la ejecución externa, sino de la condición interna.

Cuando un adorador se presenta delante del Señor con un corazón alineado, su movimiento se vuelve una respuesta espiritual. Cada gesto se convierte en oración. Cada paso se convierte en entrega. Cada expresión se convierte en revelación.

LA ALABANZA COMO MANIFESTACIÓN DEL CORAZÓN

La alabanza no siempre comienza con gritos de júbilo. A veces comienza con lágrimas. A veces con silencio. A veces con manos levantadas antes que con palabras. La formación del adorador incluye este proceso interior. La enseñanza lo describe así:

> "La alabanza es la primera manifestación que sale de nuestro corazón. Esta puede surgir de diversas formas."

En la medida que el adorador crece en intimidad con Dios, la gratitud fluye sin impulso externo. La alabanza deja de depender del ánimo del día. Deja de depender de emociones pasajeras. Se convierte en respuesta natural a la presencia de Dios.

Cuando el adorador reconoce quién era sin Cristo y quién es ahora en Él, la alabanza se vuelve inevitable:

> "No hay más grande amor que el que da la vida por sus amigos... Jesús dio la vida por nosotros, y cuando comenzamos a reflexionar que merecíamos la muerte... cambia nuestra historia."

Por eso, un adorador auténtico nunca adora por conveniencia. Adora por revelación.

El ejemplo de David: libertad en la presencia

David es un modelo para todo adorador. No por su perfección, sino por su entrega. Su danza no fue técnica; fue respuesta espiritual. Cuando danzó ante el arca, no pensó en su posición ni en su dignidad. La enseñanza lo recuerda así:

> "David se olvidó de él mismo, de su posición, de sus ropas, de la gente que tenía a su alrededor. Él danzaba y saltaba de alegría."

Esa libertad no nace de emociones. Nace del entendimiento de la presencia. David sabía lo que significaba cargar el arca. Sabía lo que significaba llevar la gloria de Dios a la nación. Sabía lo que había costado recuperar la presencia. Por eso danzó "con todas sus fuerzas".

La verdadera adoración requiere ese mismo desprendimiento. No se puede adorar sin rendir el ego. No se puede adorar sin matar la reputación. No se puede adorar sin libertad en el espíritu.

EL ALTAR COMO LUGAR DE LUCHA Y ENCUENTRO

La adoración no es solo deleite. También es guerra. El adorador lucha contra distracciones internas, pensamientos, cansancio, ataques espirituales y oposiciones visibles e invisibles. Por eso se enfatiza:

> "Nosotros debemos luchar, cuando estamos en ese momento de intimidad con Dios... no debemos permitir distracciones."

El altar es un campo de batalla y un lugar de descanso al mismo tiempo. Allí el adorador vence la carne, rompe cadenas internas y se alinea nuevamente con el Espíritu Santo. La adoración profunda no ocurre automáticamente. Requiere perseverancia. Requiere insistencia espiritual.

Al mismo tiempo, el altar es un lugar de encuentro. El adorador que se queda, que insiste y que no se rinde, termina experimentando la presencia de Dios de maneras nuevas. Cada encuentro transforma. Cada momento íntimo libera. Cada búsqueda enciende un poco más el fuego del llamado.

Por eso, el adorador no puede darse por vencido fácilmente. Debe aprender a permanecer hasta que la presencia descienda y su espíritu sea renovado. Su ministerio florece desde ese lugar secreto.

LLAMADOS A VIVIR COMO LEVITAS

El ministro que sirve en las artes no es simplemente un artista. Es un levita moderno, un servidor del altar que entiende que su vida es parte del sacrificio que presenta. En el Antiguo Testamento, los levitas no se definían por habilidad, sino por consagración. Eran separados para el servicio. Eran responsables de lo santo. Su misión no era brillar frente al pueblo, sino cargar la presencia y custodiar lo que pertenecía al Señor.

Este principio sigue vigente. Quien ministra con danza, con movimiento o con expresión artística desarrolla una función sacerdotal. Lleva al pueblo hacia la presencia a través de lo que expresa con su cuerpo. Por eso se establece una demanda espiritual tan clara:

> "Tenemos que ser sacerdotes y levitas hacia el Señor... limpios de mano y puros de corazón."

Ser levita implica vivir consciente de que cada acción refleja al Padre. Significa apartarse de prácticas que contaminan el espíritu. Significa cultivar una vida secreta en oración, estudio de la Palabra y búsqueda constante. Un levita no improvisa su espiritualidad. Sabe que su ministerio depende de su comunión, no de su talento.

El levita cargaba físicamente la presencia cuando transportaban el arca. Hoy, el ministro de arte carga la presencia con su obediencia. Carga la presencia con su sensibilidad espiritual. Carga la presencia cuando sus motivaciones son correctas. La consagración no es un requisito opcional; es el fundamento del poder espiritual de su ministerio.

El levita vivía bajo un estándar más alto no porque fuera mejor que los demás, sino porque su responsabilidad era mayor. Del mismo modo, los ministros de danza deben entender que su vida es observada. Son modelos visibles de adoración. Su testimonio forma parte del mensaje que comunican. La expresión corporal no puede contradecir su estilo de vida. El nivel de exposición exige coherencia. El mensaje no solo se ve en la danza; se ve en el carácter.

Cuando un ministro no vive como levita, su ministerio se vuelve frágil. Sus emociones comienzan a dirigir sus decisiones. Se vuelve susceptible a enojos, comparaciones, celos y competencia. Pierde sensibilidad para escuchar la voz de Dios y comienza a depender de la validación humana. Con el tiempo, su enfoque espiritual se dispersa y su autoridad disminuye. La falta de vida sacerdotal abre grietas que afectan la unidad del equipo, la pureza del altar y la integridad del ministerio.

Pero cuando el ministro abraza su llamado levítico, su servicio adquiere peso espiritual. La danza deja de ser solo movimiento. Se convierte en intercesión. Cada gesto lleva autoridad. Cada paso trae dirección. La presencia fluye porque hay pureza. La congregación recibe porque el ministro vive lo que expresa. Esa coherencia interna es lo que le da fuerza al mensaje visual.

Vivir como levita también implica sujeción. Los levitas estaban bajo autoridad. No se movían por cuenta propia ni actuaban según lo que les parecía correcto. De la misma manera, un ministro de artes debe caminar en obediencia a la autoridad espiritual establecida por Dios. La sujeción protege, alinea y guarda de caer en orgullo. El ministro que se cubre bajo autoridad ministra con mayor libertad y seguridad.

Además, el llamado levítico incluye un sentido de responsabilidad por el ambiente espiritual. Los levitas preparaban el lugar. Cuidaban el orden. Mantenían lo santo separado. El ministro de danza de hoy debe hacer lo mismo: cuidar el ambiente de adoración, proteger la unidad del equipo, mantener el respeto por el altar y liderar con humildad y madurez.

Cuando un ministro abraza su identidad levítica, su vida se convierte en una señal. La congregación no solo lo ve danzar; lo ve servir. No solo aprecia su expresión; aprecia su vida. Su ejemplo provoca hambre por Dios y llama a otros a la santidad. Su ministerio deja de ser visual para convertirse en formativo. Lo que transmite con su vida sostiene lo que expresa con su cuerpo.

El llamado sigue siendo claro: los ministros de arte no existen para entretener. Existen para ministrar. Y ministrar requiere manos limpias, corazón puro y un compromiso constante con la presencia del Señor. Ese es el peso del llamado levítico. Ese es el honor de servir.

EL ADORADOR COMO TESTIMONIO VIVIENTE

La adoración es estilo de vida. No es un evento. No es una coreografía. No es un momento en un servicio. Es una manera de caminar. El adorador sirve, ama, obedece, perdona y honra. Y cuando vive así, su danza tiene autoridad. Su movimiento tiene peso espiritual. El impacto de su ministerio no depende de lo que hace públicamente, sino de lo que es cuando nadie lo está observando. Su vida cotidiana se convierte en un reflejo del carácter de Cristo y ese testimonio sostiene la unción con la que ministra.

Una frase lo resume con fuerza:

> "Un verdadero adorador es alguien que ofrece reverencia y honor a Dios; cuenta con una vida de devoción a Dios."

Ser testimonio viviente significa que el adorador predica sin palabras. Su conducta se convierte en mensaje. Su manera de hablar, de resolver conflictos, de servir a su familia y de caminar en humildad muestra a Cristo más que cualquier presentación en un altar. Un adorador que vive en integridad trae peso espiritual a todo lo que hace. No necesita esforzarse por impactar; su vida misma abre puertas para que Dios se mueva con libertad. La coherencia entre su vida y su expresión artística es lo que establece su credibilidad espiritual delante de la congregación.

El testimonio del adorador también protege el ministerio. Una vida alineada evita escándalos, división y tropiezos en el equipo. El adorador que cuida su caminar con Dios inspira confianza. Se convierte en ejemplo para los más jóvenes, en apoyo para sus líderes y en columna dentro de la Iglesia. Su vida demuestra madurez y firmeza. Donde otros reaccionan con orgullo, él responde con mansedumbre. Donde otros se ofenden, él elige perdonar. Esa estabilidad interior fortalece el ambiente espiritual del ministerio y abre espacio para que el Espíritu Santo fluya sin estorbos.

Cuando el adorador entiende que su vida predica más fuerte que su danza, cuida su corazón con mayor diligencia. Sabe que su carácter es parte del mensaje. Sabe que su integridad sostiene su autoridad espiritual. Un adorador no puede separar su vida privada de su ministerio público. Quien danza con pureza porque vive con pureza ministra con mayor poder. Su obediencia habla más que sus movimientos. Su consistencia revela más que su técnica. Su compromiso con Cristo se vuelve evidente en cada gesto, cada paso, cada acto de servicio. Así, su testimonio se convierte en un altar que sostiene todo lo que expresa con su cuerpo.

UN CORAZÓN APASIONADO POR LA PRESENCIA

El adorador es alguien que ama profundamente al Padre. Ese amor le permite perseverar cuando otros retroceden. Le permite creer cuando falló. Le permite levantarse cuando erró. Le permite seguir sirviendo aun cuando las fuerzas son pocas.

Se describe así:

> "Un verdadero adorador... sabe a quién adora y su adoración no está condicionada por cómo se siente."

David pudo enfrentarse a Goliat porque se sabía amado. Pudo danzar porque conocía la presencia. Pudo arrepentirse porque tenía un corazón sensible. Pudo volver a servir porque confiaba en la misericordia.

Ese mismo amor sostiene al adorador actual. No se trata de perfección. Se trata de entrega.

EL ADORADOR DELANTE DEL ALTAR

El adorador no comienza en el escenario. Comienza en lo secreto. Comienza en el quebranto. Comienza en el temor. Comienza en la obediencia. Cada capítulo de este libro profundizará en expresiones visibles del arte en la Iglesia, pero todo comienza aquí: en el corazón que busca al Padre por encima de todo. Nada sustituye ese lugar. Ninguna técnica puede reemplazar una vida rendida. Ningún instrumento puede compensar una falta de intimidad. El lugar secreto determina la fuerza del ministerio público. Lo que el adorador construye de rodillas es lo que sostendrá cuando se levante a ministrar.

Este fundamento permanece firme en la siguiente verdad:

> "Fuimos creados para alabarle... y debemos dársela."

El altar es donde el adorador se vacía de orgullo, ansiedad, carga emocional y distracciones. Es donde entrega su agenda para abrazar la voluntad del Padre. Allí reconoce su incapacidad sin la gracia. Allí renuncia al deseo de impresionar y abraza el deseo de obedecer. En ese intercambio silencioso, su espíritu se fortalece, su discernimiento crece y su sensibilidad al Espíritu Santo se agudiza. Cuando el adorador cultiva este espacio sagrado, su vida entera se convierte en una ofrenda continua.

La danza, la música, los colores y los instrumentos que exploraremos más adelante solo tienen valor espiritual cuando fluyen de un corazón rendido al altar. Las expresiones externas son secundarias. La verdadera unción viene de la profundidad de la entrega. Un adorador que vive en el altar ministra con un peso que no se puede fabricar. Sus pasos llevan dirección. Sus gestos llevan autoridad. Su movimiento lleva revelación. Esto ocurre porque su vida prioriza la presencia antes que la presentación, el secreto antes que el escenario y el carácter antes que la habilidad.

El adorador es el instrumento principal. El resto es añadidura. Un manto sin adorador consagrado es solo tela. Una bandera sin vida devocional detrás es solo color. Una danza sin altar es solo movimiento. Pero cuando el adorador vive cerca del fuego del Espíritu, todo lo que toca se vuelve ministerio. Su cuerpo se convierte en un mensaje. Su expresión se convierte en intercesión. Su vida se convierte en testimonio. Y su altar se convierte en el fundamento de todo lo que expresa ante la congregación.

TRES

adoración y danza

LENGUAJE DE AMOR Y RENDICIÓN

LA DANZA dentro de la Iglesia es un lenguaje espiritual. No surge como adorno, entretenimiento ni exhibición personal. Surge como respuesta a la grandeza de Dios, y se expresa a través del cuerpo como un acto de rendición, amor y obediencia. Pero antes de hablar plenamente de danza, es necesario establecer fundamentos claros: qué es alabanza, qué es adoración y cómo ambas se relacionan con el movimiento que presentamos delante del Señor.

Definir estos conceptos evita confusión dentro del ministerio. Ordena la intención del corazón. Protege la pureza del altar. Y abre el entendimiento para comprender que la danza no es un invento moderno, sino una expresión bíblica legítima que glorifica al Creador.

DEFINICIÓN DE ALABANZA Y ADORACIÓN

Alabanza y adoración no son sinónimos. Ambas son esenciales, pero cumplen funciones distintas dentro de la vida espiritual. La alabanza se expresa hacia afuera. La adoración se derrama hacia adentro. La alabanza reconoce las obras del Señor. La adoración reconoce su persona.

Así lo expreso de manera sencilla:

> "La alabanza es la expresión externa de admiración a Dios... la adoración es la honra que se le rinde a Dios por lo que Él es."

En la alabanza, celebramos lo que Dios hace: su misericordia, su provisión, sus milagros, su cuidado diario. En la adoración, nos postramos ante lo que Dios es: Santo, Justo, Fiel, Verdadero, Amor eterno.

Por eso la adoración no depende de circunstancias; depende de identidad. No se trata de emociones; se trata de rendición.

Alabanza y adoración también requieren cuerpo, alma y espíritu. El ser humano fue diseñado para expresar devoción completa. Así lo enseña la Palabra:

> "Dios nos escogió y predestinó para la alabanza de su

> gloria... nos capacitó con espíritu, alma y cuerpo para expresar sentimientos y emociones de muchas formas."

Y una de esas formas es la danza.

LA DANZA COMO EXPRESIÓN BÍBLICA DE ALABANZA Y ADORACIÓN

La danza no es una invención moderna ni una moda congregacional. Es parte de la vida espiritual del pueblo de Dios desde tiempos antiguos. Acompañó celebraciones, victorias, adoración, guerra espiritual e intercesión. Fue parte del culto en Israel y también aparece vinculada a la adoración en la iglesia primitiva.

Por eso afirmo con plena convicción:

> "La danza cristiana tuvo su origen desde tiempos muy antiguos... siempre acompañó las celebraciones del pueblo de Israel."

David danzó con todas sus fuerzas. Miriam danzó con panderos. El salmista ordena: "Alaben su nombre con danza". Cada registro bíblico confirma que la danza es expresión legítima de devoción, adoración y celebración delante del Señor.

La danza no sustituye la adoración. La revela.

No reemplaza la alabanza. La amplifica.

No complica el culto. Lo enriquece.

Cuando la danza nace del espíritu, se convierte en respuesta a la presencia y en testimonio visible del amor de Dios.

DIFERENCIA ENTRE LA DANZA BÍBLICA Y EL BAILE MUNDANO

Una de las áreas donde más confusión existe es en la diferencia entre danza bíblica y baile mundano. Muchos líderes han rechazado la danza por miedo a caer en expresiones sensuales o seculares, pero las dos cosas no son iguales.

La diferencia no está en el movimiento del cuerpo, sino en la motivación espiritual.

Lo explico con total claridad:

> "La motivación de la danza cristiana es glorificar y adorar al Dios Todopoderoso inspirada por el Espíritu Santo."

Cuando la danza es inspirada por el Espíritu Santo:

- no exalta la carne,
- no estimula sensualidad,
- no desvía la atención,
- no glorifica al yo,
- no provoca confusión espiritual.

Por el contrario, abre el corazón, edifica al pueblo, ilumina la Palabra y honra la presencia de Dios.

En contraste:

> "El baile mundano glorifica al enemigo, la carne y el mundo... produce rebelión, sensualidad y confusión emocional y espiritual."

El baile del mundo celebra egos, emociones desordenadas, sensualidad y ambientes cargados de oscuridad. La danza del Reino celebra a Cristo, revela su gloria y manifiesta gozo santo.

- La diferencia es radical.
- Una danza lleva a la carne.
- La otra lleva al espíritu.

Por eso la Iglesia no debe rechazar la danza; debe discernirla.

POSTURA, INTENCIÓN Y PUREZA DE CORAZÓN

La danza no comienza en los pies; comienza en el corazón. Cada ministro debe preguntarse antes de danzar:

- ¿Para quién estoy danzando?

- ¿Qué mensaje estoy transmitiendo?
- ¿Está mi motivación centrada en Cristo?
- ¿Mi danza lleva gloria a Dios o atrae atención hacia mí?

El corazón correcto es el fundamento del ministerio. Sin pureza no hay danza santa.

Lo enseño con firmeza:

> "Debemos estar limpios; de no estar, ministraremos impurezas y dolor al pueblo de Dios."

La pureza no es opcional para el adorador. Es requisito. La danza se vuelve peligrosa cuando el corazón no está alineado, porque el altar no es escenario. El altar es un lugar sagrado.

También afirmo:

> "Nuestra danza es para Dios... sin Él solo somos cuerpos en movimiento sin razón de estar."

- Esto establece la intención.
- La danza solo tiene sentido si apunta a Cristo.
- El cuerpo solo tiene función si revela obediencia.
- El movimiento solo es útil si nace de comunión.

La excelencia también forma parte de la postura:

> "Lo que hacemos tiene que ser con excelencia... nuestro Padre se merece todo con excelencia."

No por perfeccionismo, sino por honra. No para lucir bien, sino para honrar al Rey. La excelencia no solo es técnica; es espiritual. Implica preparación, oración, estudio, disciplina, ensayos y cuidado del cuerpo. Movimiento sin pureza es ruido. Movimiento con pureza es adoración.

LA DANZA COMO RENDICIÓN TOTAL

La danza bíblica no es coreografía solamente. No es rutina ni ejecución. Es derramamiento del corazón. Es respuesta del espíritu. Es ofrenda viva.

Así lo enseño:

> "La danza no es solo hacer movimientos... sino derramar nuestro corazón delante de Aquel que es digno."

Por eso la danza es un acto de rendición. Es una forma de entregar todo: cuerpo, mente, alma, tiempo y esfuerzo.

La danza verdadera no se ejecuta; se rinde. No se muestra; se ofrece. No se practica para ser vista; se abraza para ser obediente.

Cuando el adorador danza desde un corazón rendido:

- el cuerpo se convierte en instrumento,

- el movimiento en lenguaje,
- la expresión en ofrenda,
- la presencia en respuesta.

La danza deja de ser arte y se convierte en altar.

CLARIDAD QUE PROTEGE EL MINISTERIO

Comprender la diferencia entre alabanza y adoración, y entre danza bíblica y baile mundano, protege el corazón del adorador y el altar de la Iglesia. Estas bases doctrinales aclaran confusiones, fortalecen la identidad del ministerio y forman ministros maduros, sensibles y consagrados.

Cuando el adorador entiende estos principios:

- danza con discernimiento,
- ministra con responsabilidad,
- sirve con pureza,
- y honra la presencia de Dios.

Este capítulo establece las bases teológicas de la danza sagrada. Los siguientes profundizarán en sus modalidades y en cómo ministrar con excelencia, autoridad y sensibilidad espiritual.

CUATRO

modalidades de la danza santa i

PROFÉTICA Y ESPONTÁNEA

LA DANZA dentro del culto no es un adorno escénico, sino un vehículo espiritual por el cual Dios habla, sana, libera y revela su corazón a su pueblo. Entre todas las expresiones que la Iglesia practica hoy, la danza profética y la danza espontánea se destacan por su capacidad de transmitir mensaje, dirección y sensibilidad espiritual sin necesidad de palabras.

Ambas modalidades requieren un corazón consagrado, un oído espiritual afinado y una disposición interna que permita al Espíritu Santo guiar los movimientos, los tiempos y la intención del cuerpo. Cuando estas expresiones nacen de un lugar santo, la atmósfera cambia. Las emociones se ordenan. La presencia se hace visible. Dios es glorificado.

Este capítulo establece el fundamento de estas modalidades y guía al ministro a entender cómo funcionan, cómo se ministran y cómo deben prepararse para servir con excelencia.

LA DANZA PROFÉTICA: UN MENSAJE ENCARNADO

La danza profética no es improvisación emocional ni movimiento espontáneo desconectado de propósito. Es una expresión cargada de revelación, diseñada para comunicar el mensaje de Dios en un momento específico. Es un lenguaje espiritual que trasciende palabras, una forma visible de transmitir lo que el Espíritu Santo está hablando a la congregación.

Así lo describo:

> "La danza profética busca involucrar no solo el cuerpo, sino también el espíritu y la mente del danzor... transmite emociones, sentimientos y pensamientos que no se pueden expresar con palabras."

La danza profética representa:

- una palabra revelada,
- un sentir del Espíritu,
- un desahogo del corazón de Dios,
- una instrucción visual para el pueblo.

No se trata de ejecutar pasos complejos, sino de encarnar un mensaje. Cada gesto se vuelve una frase. Cada desplazamiento, una oración. Cada extensión del brazo, una señal profética. Los movimientos no son aleatorios; son dirigidos.

Por eso también enseño:

> "La danza profética puede ser una herramienta poderosa para la adoración y la intercesión... permite transmitir emocionalmente lo que Dios está hablando."

La danza profética puede liberar, sanar, consolar, confrontar y anunciar. Puede romper cadenas espirituales. Puede despertar convicción. Puede abrir puertas para que la fe entre. Su fuerza no proviene del danzor; proviene del Espíritu Santo que inspira cada movimiento.

CARACTERÍSTICAS DE UNA DANZA PROFÉTICA AUTÉNTICA

1. **Nace del Espíritu, no de la emoción**
2. **Trae dirección, no confusión**
3. **Conecta al pueblo con lo que Dios está hablando**
4. **Está sometida a autoridad espiritual**
5. **Se ejecuta con postura humilde y corazón sensible**

Cuando se practica con madurez y obediencia, la danza profética se convierte en un instrumento poderoso dentro del culto congregacional.

LA DANZA ESPONTÁNEA: UNA RESPUESTA AL MOVER DEL ESPÍRITU

Si la danza profética comunica un mensaje, la danza espontánea responde al mensaje. Es el movimiento que surge naturalmente cuando el Espíritu Santo toca al adorador. No requiere coreografía previa. No sigue estructura rígida. Es una expresión fresca y libre que fluye desde la presencia de Dios.

Así lo enseño:

> "La danza espontánea... son pasos o movimientos que fluyen por la ministración en nuestra alabanza... lo que Dios desea que dancemos en ese momento."

La danza espontánea no necesita ensayo previo porque no depende de técnica. Depende de discernimiento. Es una forma de oración en movimiento. Es adoración corporal que surge cuando el espíritu se conecta profundamente con Dios.

Su propósito es:

- rendir el corazón,
- abrir el ambiente,

- liberar un clamor,
- expresar gratitud,
- romper ataduras internas,
- ministrar a la congregación con sensibilidad.

También afirmo:

> "Para hacer esta danza no se necesita practicar... pero ayuda conocer la letra de la alabanza, orar y meditar para ser guiados por el Espíritu."

La danza espontánea no es desorden. Es sensibilidad. No es improvisación vacía. Es obediencia inmediata. Es un acto donde el cuerpo responde al impulso divino con libertad, reverencia y sumisión.

EXCELENCIA QUE HONRA AL ESPÍRITU SANTO

Aunque ambas modalidades fluyen desde el Espíritu, requieren preparación espiritual profunda. Ningún danzor puede ministrar proféticamente sin consagración, oración y estudio. La disponibilidad espiritual precede al movimiento físico.

Por eso señalo:

"Lo que hacemos tiene que ser excelente para Dios... porque para eso fuimos creados."

Excelencia no significa perfeccionismo.

Significa intención correcta, preparación correcta y corazón correcto.

La excelencia incluye:

- oración constante
- vida de altar
- ayuno
- lectura de la Palabra
- meditación en la letra de lo que se ministrará
- disciplina corporal
- sensibilidad espiritual

Ministrar sin preparación espiritual produce confusión. Ministrar sin sensibilidad emocional produce ruido. Ministrar sin sujeción produce orgullo. Pero cuando el adorador combina consagración con obediencia, la danza fluye con poder y pureza.

SENSIBILIDAD ESPIRITUAL: ESCUCHAR ANTES DE MOVERSE

La danza profética y la danza espontánea requieren más que habilidad física. Requieren oído espiritual. El danzor debe aprender a escuchar antes de moverse, discernir antes de ejecutar, obedecer antes de expresar.

Por eso enseño que:

> "La danza profética conecta al danzor y a quienes lo observan con la presencia de Dios y su mensaje."

Sensibilidad espiritual incluye:

- reconocer el ambiente,
- identificar lo que el Espíritu está ministrando,
- evitar distracciones personales,
- discernir tiempos y ritmos,
- no ocupar el altar sin dirección divina,
- permitir que Dios determine cuándo y cómo moverse.

El ministerio de danza no es movimiento por movimiento. Es obediencia por obediencia.

LA DANZA COMO PUENTE PARA LA EVANGELIZACIÓN Y LA LIBERACIÓN

Cuando la danza es inspirada por el Espíritu Santo, trasciende la estética. Se convierte en un canal de transformación. Muchas veces, una danza profética alcanza corazones que no responderían a un sermón o una canción.

Lo afirmo porque es verdad espiritual:

> "La danza profética puede ser una herramienta poderosa para la evangelización... permite llegar a aquellos que no responden a otras formas de adoración."

Y también:

> "Es una herramienta para la adoración, la intercesión, la evangelización y la liberación."

Por eso es tan importante que los ministros de danza vivan en santidad y preparación continua. Su vida no es solo técnica; es sacerdocio. Su danza no transmite solo belleza; transmite reino.

MOVIMIENTO QUE HABLA, ESPÍRITU QUE REVELA

La danza profética y la danza espontánea revelan dimensiones del amor de Dios que no siempre pueden expresarse con palabras. Son lenguajes visuales que el Espíritu Santo usa para hablar al corazón del pueblo. Pueden traer consuelo, despertar fe, abrir puertas proféticas y transformar atmósferas completas.

El ministerio de danza no es accesorio. Es altar. Es

mensaje. Es movimiento en obediencia. Es adoración encarnada.

Cuando el adorador se mantiene puro, sensible, humilde y preparado, la danza se convierte en una herramienta poderosa para edificar el cuerpo de Cristo y para revelar la gloria del Señor a través del movimiento santo.

CINCO

modalidades de la danza santa ii

DAVÍDICA, AÉREA, COREOGRÁFICA, CONGREGACIONAL, HEBREA, DE INTERCESIÓN Y DE GUERRA

EL REINO de Dios es amplio y creativo. De la misma manera, los ministros de danza poseen un abanico de expresiones que el Espíritu Santo usa para edificar, confrontar, celebrar y liberar. Cada modalidad de danza cumple un propósito específico dentro del culto, y conocerlas ayuda a los danzores a ministrar con mayor claridad, orden y eficacia espiritual.

La danza santa no es un tipo único. Es un conjunto de expresiones variadas que, aunque diferentes entre sí, comparten un mismo fin: glorificar a Dios y ministrar al cuerpo de Cristo con excelencia, pureza y entendimiento espiritual.

Este capítulo presenta las modalidades más practicadas en la Iglesia, sus fundamentos bíblicos, su propósito espiritual y la manera adecuada de abordarlas dentro del ministerio.

1. LA DANZA DAVÍDICA: ALEGRÍA QUE BROTA DE LA PRESENCIA

La danza davídica es una de las expresiones más conocidas dentro de la adoración. Inspirada en el rey David, surge de un corazón que reconoce la grandeza de Dios y responde con gozo, fuerza y libertad.

La Escritura afirma:

> *"David danzó ante el Señor con todas sus fuerzas." (2 Samuel 6:14)*

Esta modalidad refleja celebración, victoria, gozo profundo y libertad espiritual. No es una danza suave; es una danza intensa, cargada de movimiento, energía y expresión.

David danzó porque entendió el valor de la presencia. Su danza no fue una presentación formal, sino una reacción divina. Por eso su danza sigue siendo un modelo:

- expresa gozo y libertad,
- celebra la presencia de Dios,
- rompe estructuras internas y externas,
- contagia a la congregación con convicción y fe.

sto se explica de manera contundente:

> "La danza es una expresión de alabanza y obediencia a la Palabra de Dios, como David que danzó ante el Señor con todas sus fuerzas."

Quien ministra en danza davídica debe hacerlo con convicción, energía, reverencia y entendimiento de que está celebrando al Rey.

2. LA DANZA CONGREGACIONAL: UN SOLO CUERPO, UN SOLO ESPÍRITU

La danza congregacional se practica cuando todo el pueblo se une para adorar. No es una coreografía formal, sino una unidad espiritual visible, donde un grupo de ministros guía a la iglesia hacia una expresión conjunta de alabanza.

Así se describe:

> "El pueblo se une como un solo cuerpo, en un solo espíritu... ministros consagrados guían al pueblo en adoración y alabanza al Padre."

Esta modalidad:

- promueve unidad,
- rompe divisiones,

- fortifica la identidad del cuerpo,
- crea atmósferas de gozo corporativo,
- activa la participación de toda la congregación.

La danza congregacional no es espectáculo. Es servicio. Los ministros se convierten en puente para que toda la iglesia exprese adoración de manera libre y organizada.

3. LA DANZA HEBREA: RAÍCES ANTIGUAS, SIGNIFICADO PROFUNDO

La danza hebrea es ancestral. Acompañó al pueblo de Israel en sus celebraciones, festividades y victorias. Esta modalidad conecta a la Iglesia con su herencia espiritual y con la alegría festiva que caracterizaba a las fiestas bíblicas.

Se describe de esta manera:

> "La danza hebrea es una expresión de fe, adoración y alabanza... cada movimiento tiene significado y cada gesto un sentido propio de adoración."

Características:

- movimientos en rueda,
- pasos simbólicos,
- gestos reverentes,
- continuidad histórica con el pueblo de Israel.

Esta danza refleja memoria espiritual. Recuerda la fidelidad de Dios. Celebra sus victorias. Resalta la identidad del pueblo de Dios como nación santa y pueblo escogido.

Practicar danza hebrea es enseñar al cuerpo de Cristo a recordar:

Recordar promesas.

Recordar pactos.

Recordar que Él sigue siendo el mismo.

4. LA DANZA DE INTERCESIÓN: EL CUERPO COMO CLAMOR

La danza de intercesión expresa ruego, clamor, gemido y búsqueda profunda. No es emocionalismo. Es una carga espiritual que se manifiesta mediante movimientos que representan oración corporal.

Así lo explico:

> "Es el proceso de parto espiritual… donde con nuestro cuerpo expresamos un ruego, un clamor."

Y continúa:

> "La danza en intercesión es una danza especial… no todos los ministros lo poseen por falta de santidad."

Esta modalidad:

- entra en lo profundo,
- demanda santidad,
- requiere sensibilidad extrema,
- intercede por necesidades del pueblo,
- abre espacio para milagros, liberación y sanidad.

El ministro que danza en intercesión debe tener un oído espiritual afinado. Dios usa estos movimientos para traer rompimiento, consuelo, convicción y libertad. No es un tipo de danza para "llenar un espacio". Es para ministrar con carga y propósito.

5. LA DANZA DE GUERRA ESPIRITUAL: MOVIMIENTO QUE CONQUISTA TERRITORIO

La danza de guerra es confrontación espiritual visible. No es agresión física, sino acto profético donde el cuerpo declara victoria, autoridad y territorio conquistado en Cristo. Esta modalidad aparece en registros bíblicos donde la danza acompañaba batallas o celebraciones de victoria.

Así está descrita:

> "La danza de guerra es una confrontación entre la luz y la oscuridad con victoria en Cristo, cuando es dirigida completamente por el Espíritu Santo."

Y también:

"Grupos de personas se unían en danza para adorar y luchar contra fuerzas espirituales malignas."

Esta danza:

- declara victoria espiritual,
- abre brechas,
- rompe ataduras,
- afirma territorio espiritual,
- destrona espíritus de opresión.

Herramientas como banderas, panderos y estandartes son comunes en esta modalidad porque simbolizan proclamación, autoridad y victoria.

Ministrar en guerra exige discernimiento, pureza, oración y obediencia. Es una danza que se ejecuta solo cuando el Espíritu Santo la dirige.

6. LA DANZA COREOGRÁFICA: DISCIPLINA, UNIDAD Y MENSAJE CORPORAL

La danza coreográfica es planificada, estudiada y estructurada. No fluye de manera espontánea, sino que se diseña para transmitir un mensaje claro, en unidad y con orden. Esto incluye tanto piezas individuales como grupales.

La descripción afirma:

> "Permite armonizar el espacio y la cantidad de personas... cada danzor ejecuta los mismos pasos al unísono para lograr equilibrio en movimientos y música."

Beneficios espirituales y prácticos:

- enseña disciplina,
- forma carácter,
- fortalece unidad,
- edifica al cuerpo mediante un mensaje visual claro.

La danza coreográfica es una herramienta poderosa porque combina orden, belleza, estructura y excelencia. Cuando está consagrada, se convierte en un sermón visual que impacta al oyente y edifica al creyente.

7. LA DANZA AÉREA: EXPRESIÓN ELEVADA DE ALABANZA

Aunque no aparece directamente como "danza aérea" en tus documentos, su principio se desprende de expresiones corporales elevadas: saltos, elevaciones, giros altos y movimientos que simbolizan libertad, ascenso y exaltación.

Elementos bíblicos como "saltar de alegría", "danzar con gozo" y "hacer fiesta delante del Señor" sustentan estas expresiones.

Danza aérea:

- transmite libertad,
- evoca celebración,
- simboliza victoria,
- expresa exaltación,
- inspira al pueblo a entrar en gozo santo.

UN SOLO ESPÍRITU, MÚLTIPLES LENGUAJES

Cada modalidad tiene un propósito. Cada una edifica de forma distinta. Cada una revela un aspecto de la naturaleza de Dios. La danza santa no es uniforme. Es diversa. Es profunda. Es completa. Y cuando se practica con santidad, entendimiento y obediencia, se convierte en un instrumento poderoso para edificar al cuerpo de Cristo, honrar al Señor y manifestar su gloria en medio de la congregación.

SEIS

el lenguaje del color

DIOS CREÓ EL COLOR. Lo reveló en la creación, lo estableció en el tabernáculo, lo expresó en visiones proféticas y lo utilizó como símbolo de su gloria y de su carácter. El color no es un elemento decorativo dentro del ministerio de danza; es un lenguaje espiritual que comunica verdades profundas, mensajes proféticos y dimensiones del Reino que enriquecen la adoración.

En la adoración con danza, los colores no se eligen al azar. Cada tono, cada matiz y cada combinación visual puede servir como mensaje visual que apoya lo que se está proclamando con el cuerpo y con el espíritu. Cuando el danzor comprende lo que representa cada color y se somete a la dirección del Espíritu Santo, el color se transforma en un instrumento profético que ayuda a abrir entendimiento, preparar atmósferas y comunicar la gloria de Dios.

Para que una congregación reciba la danza como mensaje claro, es esencial que los ministros entiendan el lenguaje del color. Este capítulo ofrece ese fundamento: qué significan los colores, cómo aparecen en la Palabra y cómo usarlos para edificar al cuerpo de Cristo.

EL COLOR EN LA BIBLIA: UNA REVELACIÓN DIVINA

Los colores no son accidentes de la naturaleza. La Escritura está llena de referencias a colores con significados espirituales y simbólicos. Desde las piedras del pectoral en Éxodo, pasando por las telas del tabernáculo, hasta las visiones proféticas de Ezequiel, Daniel y Apocalipsis, el color sirve como código espiritual.

Por eso enseño:

> "La Biblia presenta en numerosos pasajes referencia a los diversos colores."

Los colores comunican lo que a veces palabras no pueden expresar.

Representan atributos divinos, victorias espirituales, estados del alma y manifestaciones del Reino.

El color en el ministerio de danza:

- educa visualmente,
- fortalece el mensaje,
- despierta memoria espiritual,
- activa simbolismos bíblicos,
- y prepara el ambiente para la ministración.

Un danzor que conoce el significado de los colores no solo mueve su cuerpo, sino que predica con su vestuario.

La vestimenta se convierte en parte de la proclamación.

EL SIGNIFICADO ESPIRITUAL DE LOS COLORES

A continuación se presenta el significado bíblico de los colores más utilizados en el ministerio de danza, basado en la Palabra y aplicado al servicio congregacional.

1. AMARILLO: GLORIA Y SHEKINAH

El amarillo es uno de los colores más importantes en la Escritura. Representa luz, presencia divina y manifestación de gloria.

> “El color AMARILLO representa… Gloria y Gracia de Dios o Shekinah.”

Este color puede emplearse cuando:

- se celebra la presencia manifiesta de Dios,
- se declara victoria,
- se ministra gozo profundo,
- se exalta la gloria de Dios en adoración.

El amarillo en danza comunica resplandor espiritual, esperanza y manifestación divina.

2. NARANJA / ANARANJADO: FUEGO DE DIOS Y LIBERACIÓN

El naranja es un color cargado de fuerza espiritual. Representa movimiento, purificación y poder.

> "El color NARANJA... significa alabanza y adoración; Fuego de Dios... Liberación... Guerrero."

Este color es ideal para ministrar:

- rompimiento,
- avivamiento,
- libertad,
- guerra espiritual,
- exaltación apasionada.

Cuando un ministro usa naranja, está declarando fuego que limpia, purifica y libera.

3. AZUL CELESTE: ESPÍRITU SANTO Y ETERNIDAD

El azul claro comunica la paz, el cielo y la obra del Espíritu Santo.

> "El color AZUL CLARO... representa al Espíritu Santo. Se relaciona con el Cielo y la Eternidad."

Es un color perfecto para ministraciones de:

- consuelo,
- presencia de paz,
- oración profunda,
- ministración del Espíritu Santo,
- quebrantamiento suave.

Este color invita al alma a descansar y escuchar.

4. AZUL ROYAL: AUTORIDAD Y GOBIERNO DE DIOS

El azul royal representa autoridad espiritual, revelación divina y poder del Reino.

> "El color AZUL ROYAL: Representa Autoridad... Mandamientos... Sacerdocio... Revelación."

Es especialmente útil en:

- tiempos de proclamación,
- declaraciones proféticas,
- ministración sacerdotal,
- actos de gobierno espiritual.

Este color comunica firmeza, grandeza y orden divino.

5. AZUL ZAFIRO: REVELACIÓN DIVINA Y PROSPERIDAD

El zafiro aparece en visiones proféticas como símbolo del trono de Dios.

> "El color AZUL ZAFIRO representa Revelación Divina... Prosperidad... Pureza."

Es apropiado cuando:

- se ministra dirección del Espíritu,
- se comparte palabra profética,
- se busca guiar al pueblo hacia revelación,
- se honra la presencia de Dios.

El zafiro indica cielo abierto y palabra fresca.

6. VIOLETA / PÚRPURA: REALEZA, MAJESTAD Y SOBERANÍA

Aunque no aparece textualmente en tu documento, el color violeta está presente en la Biblia como símbolo de:

- realeza,
- majestad,
- riqueza espiritual,
- soberanía divina.

Era uno de los colores del tabernáculo, reservado para lo santo y lo consagrado.

El violeta en danza declara que Jesús es Rey.

Es un color excelente para el Día de Resurrección, ministraciones de identidad, coronación y exaltación.

7. ROJO: SANGRE, SACRIFICIO Y GUERRA

El rojo simboliza:

- la sangre del Cordero,
- el sacrificio de Cristo,
- la redención,

- el clamor,
- la guerra espiritual.

Es un color fuerte y poderoso, utilizado en contextos donde se declara protección, pacto y victoria a través de la sangre.

8. VERDE: VIDA, RENOVACIÓN Y ESPERANZA

El verde representa:

- vida nueva,
- crecimiento espiritual,
- restauración,
- promesas renovadas.

Es apropiado para ministraciones de sanidad, restauración y despertar espiritual.

9. BLANCO: PUREZA, SANTIDAD Y CONSAGRACIÓN

Aunque asumido por muchos, el blanco mantiene un mensaje puro y profundo.

Simboliza:

- santidad,
- pureza,
- limpieza espiritual,
- presencia celestial.

Es el color ideal para danzas de consagración, intercesión y adoración profunda.

10. DORADO: MAJESTAD, GLORIA Y REALEZA

El dorado representa:

- gloria eterna,
- majestad divina,
- tesoros del Reino,
- poder.

Es un color que inspira admiración y reverencia.

CÓMO USAR EL COLOR EN EL MINISTERIO DE DANZA

El uso del color no es mecánico; es espiritual. Para usar los colores correctamente se requiere discernimiento, oración y dirección del Espíritu Santo.

1. **Oración y discernimiento**
   - El color correcto para cada ministración no se elige por estética, sino por propósito espiritual.
2. **Conexión con la letra o el mensaje**
   - El color debe alinearse con lo que se está cantando o proclamando.
3. **Unidad visual en el equipo**
   - Los colores deben comunicar un mensaje coherente en el grupo.
4. **Excelencia y reverencia**
   - El vestuario debe ser limpio, modesto y agradable, pues representa al Señor.
5. **Sensibilidad al ambiente del culto**
   - Cada atmósfera demanda un tono visual distinto.
   - El color se convierte así en una extensión profética del mensaje ministerial.

UN LENGUAJE VISUAL QUE EDIFICA

Los colores comunican lo que el corazón intenta expresar y lo que el Espíritu Santo quiere revelar. Cuando entendemos su significado, dejamos de usar vestuarios "bonitos" para comenzar a usar vestuarios que ministran. Cada color se convierte en parte del mensaje. Cada tonalidad se transforma en un recordatorio del carácter de Dios. Cada vestidura se vuelve un instrumento espiritual.

El lenguaje del color no solo embellece la danza. La profundiza. La clarifica. La fortalece. Cuando el danzor conoce estos códigos bíblicos, su ministración se eleva, su mensaje se vuelve más claro y la congregación recibe una expresión de adoración más rica, significativa y espiritualmente impactante.

SIETE

herramientas en las manos del danzor

MANTOS, BANDERAS, PANDEROS, HONDA DE DAVID Y ABANICOS

DIOS en su sabiduría no solo permite que la danza sea un lenguaje espiritual corporal, sino que también utiliza instrumentos visibles para intensificar el mensaje, declarar verdades bíblicas y manifestar su gloria de manera tangible. Las herramientas del danzor no son accesorios escénicos. Son extensiones proféticas del movimiento, símbolos espirituales de guerra, proclamación y cobertura divina.

En este capítulo profundizamos en el significado, propósito y uso adecuado de los principales instrumentos que se utilizan en el ministerio de danza. Cada uno posee respaldo bíblico, simbolismo claro y una función espiritual específica dentro del culto.

1. LOS MANTOS: COBERTURA, GLORIA Y MINISTRACIÓN

El manto es una de las herramientas más representativas dentro de la danza. En la Biblia, el manto siempre simboliza identidad, autoridad, cobertura y presencia espiritual. Desde el manto de Samuel sobre Saúl, hasta el manto de Elías que cayó sobre Eliseo, este instrumento habla de transferencia, asignación y protección.

Aunque en el contenido original no aparece un bloque exclusivo del manto, su función se desprende del lenguaje de cobertura que gobierna el ministerio visual. En la danza, el manto:

- cubre al pueblo,
- declara sanidad,
- simboliza protección,
- representa la gloria de Dios descendiendo,
- abre atmósferas de intercesión y consuelo.

Un manto puede anunciar que Dios está cubriendo, sanando, abrazando o restaurando.

El manto nunca debe usarse por estética, sino por propósito espiritual.

2. LAS BANDERAS: PROCLAMACIÓN, IDENTIDAD Y VICTORIA

La bandera es una de las herramientas con mayor respaldo bíblico. No solo se usaba en las batallas antiguas para identificar tribus, sino también como señal de victoria, dirección y presencia divina.

Lo enseño así:

> "Las banderas se mencionan en la Biblia como un símbolo representativo de victoria... se utilizan para expresar adoración, proclamar buenas nuevas y declarar unidad."

Las banderas en la danza representan:

- proclamación visible,
- anuncio de victoria,
- declaración profética,
- rompimiento espiritual,
- orden y asignación divina.

También se afirma:

> "Al levantar bandera proclamamos la victoria del Señor, su autoridad delegada y su poder."

Cada movimiento de una bandera abre atmósferas,

despierta fe y establece gobierno del Reino sobre la congregación. Las banderas no son telas al viento; son declaraciones proféticas levantadas en obediencia.

USOS ESPIRITUALES DE LAS BANDERAS

- abrir los cielos
- profetizar victoria
- declarar libertad
- marcar territorio espiritual
- impartir visión
- anunciar guerra en lo espiritual

Las banderas son armas espirituales en las manos correctas, dirigidas por un corazón rendido.

3. LOS PANDEROS: CELEBRACIÓN, GUERRA Y TESTIMONIO

El pandero aparece desde los tiempos de Miriam, cuando el pueblo celebró la liberación de Egipto. Este instrumento sencillo tiene un poder espiritual profundo y se menciona múltiples veces en la Escritura.

Así lo presento:

> "El pandero es un arma de guerra... con él derrotamos al enemigo en el nombre de Jesús, proclamando la victoria y la majestad del Señor."

El pandero tiene dos dimensiones:

1. **Celebración**
   - gozo
   - danza congregacional
   - proclamación de victoria
   - testimonio de libertad
2. **Guerra espiritual**
   - confrontación contra el enemigo
   - declaración de autoridad
   - rompimiento
   - avance espiritual

El pandero se describe también como instrumento de adoración:

> "El pandero como instrumento de adoración en el santuario... hermosea la alabanza y la adoración."

Los panderos no deben usarse sin entendimiento espiritual.

Sus patrones, ritmos y movimientos deben acompañar el flujo del servicio y la dirección del Espíritu.

4. LA HONDA DE DAVID: FE, CONQUISTA Y AUTORIDAD

La honda representa una de las armas más emblemáticas de la fe. Aunque en tu contenido original aparece menos desarrollada que otros instrumentos, su significado es poderoso. La honda de David simboliza:

- valentía,
- fe firme,
- autoridad espiritual,
- confrontación contra gigantes,
- confianza absoluta en Dios.

La danza con honda visualiza la victoria que Dios da a su pueblo frente a todo Goliat espiritual. No es para lucirse. Es para declarar que la fuerza del creyente viene del Espíritu Santo, no de sus propios recursos.

La honda en la danza:

- confronta el miedo,
- fortalece la fe,
- activa valentía,
- proclama que la batalla es del Señor.

Cada giro de la honda es una declaración:
Dios da la victoria.

5. LOS ABANICOS: VIENTO, PUREZA Y AVIVAMIENTO

El abanico se utiliza para representar el soplo del Espíritu, el movimiento del cielo y la pureza de Dios. Aunque no aparece como herramienta exclusiva en tus documentos, su uso es común en ministerios contemporáneos por su capacidad visual de representar:

- viento del Espíritu,
- avivamiento,
- purificación,
- quebrantamiento suave,
- revelación fresca.

Los abanicos pueden acompañar ministraciones de paz, adoración profunda, quebranto y proclamación del soplo de Dios sobre la congregación.

SIMBOLISMO GENERAL: COBERTURA, PROCLAMACIÓN Y VICTORIA

Las herramientas del danzor no son objetos visuales. Cada una comunica un aspecto del Reino:

- **Cobertura (mantos y abanicos)**

    - Representan la protección divina, sanidad, abrazo del Padre, consuelo y restauración.
- **Proclamación (banderas, estandartes y colores)**
    - Declaran mensajes proféticos, gobierno espiritual, dirección y autoridad del Reino.
- **Victoria (panderos, hondas y banderas de guerra)**
    - Anuncian triunfo sobre las tinieblas, libertad del pueblo y rompimiento espiritual.

Al usarlas correctamente, las herramientas del danzor edificarán a la congregación y abrirán los cielos para la ministración del Espíritu Santo.

CUIDADOS Y PRÁCTICA ADECUADOS

El uso irresponsable o desordenado de estos instrumentos contaminan el mensaje. Es por eso que se requiere disciplina, preparación y santidad.

Presento principios esenciales para su uso:

1. **Oración antes de usarlos**
    - El instrumento debe ser consagrado antes de llevarse al altar.
2. **Entendimiento del simbolismo**

- Nunca se debe usar un instrumento sin saber lo que representa.
- **Coordinación con el equipo**
- Las herramientas deben fluir con el cuerpo, la música y la atmósfera espiritual.

3. **Excelencia técnica**
   - Aunque lo espiritual es primero, el manejo correcto implica práctica, técnica y dominio.
4. **Respeto por el espacio y por otros ministros**
   - Banderas mal utilizadas pueden distraer, golpear u obstruir el culto.
   - Excelencia también es orden.
5. **Cuidado físico**
   - Mantener telas limpias, panderos en buen estado y mangos reforzados.
6. **7. No ministrar sin pureza**

Así lo enseño con fuerza:

"Para presentarnos en su altar debemos estar limpios... de no estar, ministraremos impurezas y dolor al pueblo."

Instrumentos que Profetizan en las Manos del Adorador

Cada herramienta del danzor es un mensaje. Cada instrumento tiene una voz. Cada movimiento transmite una verdad espiritual. Cuando el ministro sabe lo que lleva en sus manos, su danza se convierte en proclamación visual del Reino, en guerra espiritual, en consuelo para el alma y en mensaje profético para la congregación.

Manto, bandera, pandero, honda o abanico...todo instrumento consagrado honra al Rey y edifica a su pueblo.

OCHO

apartados y preparados

FORMACIÓN ESPIRITUAL Y TÉCNICA

LA DANZA que presentamos en el altar no comienza en los pies, ni en la música, ni en la técnica. Comienza en el corazón. Todo ministro de danza debe entender que su llamado requiere una vida separada para Dios, una disciplina espiritual madura y una preparación técnica responsable. La danza santa no se sostiene únicamente con emoción o entusiasmo; se sostiene con consagración, formación y excelencia. El altar exige ministros limpios, sensibles y preparados; por eso, ser apartado y ser preparado no son dos procesos diferentes, sino dos dimensiones inseparables del mismo llamado.

La consagración es el fundamento. Presentarse delante del Señor no es un acto casual ni un momento improvisado. Implica separar la vida para su servicio, vivir en santidad, cuidar el corazón y cultivar un estilo de vida centrado en

Dios. Ministrar sin consagración es peligroso para el obrero y para el pueblo. Lo expreso con claridad:

> "Debemos tener en cuenta que somos ministros de Dios y para presentarnos en su altar debemos estar limpios; de no estar, ministraremos impurezas y dolor al pueblo."

La consagración no es un evento emocional; es una postura diaria. Ser apartado significa cuidar los ojos, las emociones, el carácter, los pensamientos y el trato con los demás. La danza es un acto sacerdotal, y el ministro de danza es un levita moderno que carga la presencia de Dios con su propia vida.

La oración es el aliento del danzor. Sin oración, no hay revelación ni dirección. Sin oración, la danza se vuelve movimiento vacío, desconectado de la intención del Espíritu. La oración enciende el espíritu, sensibiliza el corazón y prepara al ministro para entender lo que Dios desea hacer en cada servicio. Por eso recuerdo esta verdad esencial:

> "Nuestra danza es para Dios... sin Él solo somos cuerpos en movimiento sin razón de estar."

El danzor que ora discierne el ambiente espiritual, sabe cuándo moverse y cuándo esperar, percibe lo que Dios está hablando y evita ministrar desde la carne. Cada danza debería nacer primero en la oración secreta antes de manifestarse en lo público. Allí, en la intimidad, se define la intención del movimiento y se afina la sensibilidad necesaria para ministrar con profundidad.

Otra dimensión vital de la formación es la sumisión espiritual. Ningún ministro puede servir con autoridad si no vive bajo autoridad. La sumisión no es control; es protección. La obediencia a los líderes espirituales evita que el ministro caiga en orgullo, independencia y confusión. La rebeldía divide, pero la sumisión edifica. Desde los tiempos de los levitas, Dios estableció orden en la adoración, y el danzor debe modelarlo con humildad, disposición y obediencia.

La planificación ministerial también juega un papel importante. Ministrar con excelencia requiere organización, preparación y responsabilidad. La danza guiada por el Espíritu Santo no es desordenada ni improvisada en su totalidad; es sensible y obediente, pero también ordenada. La planificación incluye orar por cada pieza, entender la letra espiritual de cada canción, discernir el mensaje central, organizar ensayos, preparar vestuarios adecuados y administrar el tiempo con prudencia. Lo explico de esta manera:

> "Debemos analizar las letras de la canción... orar y meditar en su contenido y preguntarnos por qué y para quién danzamos."

Planificar no apaga al Espíritu; prepara el terreno para que Él se mueva con mayor libertad.

La preparación técnica forma parte de la devoción del danzor. Muchos han malinterpretado la técnica como un elemento secundario o innecesario en la danza cristiana, pero lo técnico también puede convertirse en adoración cuando se hace con el corazón correcto. Es una manera tangible de honrar al Señor con excelencia. Así queda expresado:

> "Lo que hacemos tiene que ser con excelencia para Dios... nuestro Padre se merece todo con excelencia."

La técnica permite que el cuerpo responda mejor al Espíritu, evita distracciones, previene lesiones y ayuda a ejecutar movimientos con más claridad y belleza. El calentamiento, por ejemplo, no es un lujo; es parte del compromiso ministerial:

> "Como danzor... puedes estar minutos u horas usando tus músculos; debemos protegernos y seguir nuestro calentamiento rutinario antes de danzar."

Si el cuerpo es instrumento de adoración, entonces cuidarlo es honrar a Dios. Entrenar, estirar, ensayar y fortalecer no es carnalidad; es responsabilidad espiritual. La danza no se improvisa; se cultiva.

El testimonio visual también forma parte de la preparación. La vestimenta del danzor comunica reverencia, orden y modestia. No se trata de estética o moda, sino de santidad. Cada tela, cada color y cada diseño debe reflejar pureza y edificación. Como está escrito:

> "La vestimenta, diseño y color deben ser símbolo... nuestro vestuario debe ser para dar gloria al Padre."

La disciplina también se manifiesta en los ensayos. Ensayar rompe el orgullo, fortalece la unidad del equipo, pule la técnica y prepara el espíritu. No es un tiempo perdido. Es parte del altar. Es allí donde el danzor prueba su compromiso y donde demuestra que su servicio no se limita al escenario, sino que incluye sacrificio, constancia y diligencia. Así lo expongo:

> "Perfeccionar nuestros pasos... asistir a ensayos y hacer sacrificios es trabajo de todo danzor o danzarina."

La formación completa del danzor (espiritual, emocional, ministerial y técnica) produce un ministro sensible, maduro, excelente y consagrado. Un danzor apartado y preparado impacta la atmósfera, edifica la congregación y honra al Señor no solo con su danza, sino con su vida entera. La danza santa no es una presentación artística. Es un altar. Es una rendición. Es una combinación de fuego interior y excelencia exterior. Cuando el danzor une devoción con preparación, su danza no solo se ve; transforma.

NUEVE

etiqueta, cultura ministerial y flujo de ensayos

LA EXCELENCIA en un ministerio de danza no depende únicamente de la técnica, de la espiritualidad individual o de la pasión por adorar. El corazón del equipo se forma en los ensayos. Es allí donde se construye la unidad, se forja la disciplina, se pule la comunicación y se desarrolla la cultura ministerial que sostiene todo lo que sucede en el altar.

El ensayo no es un trámite previo al culto. Es un acto espiritual.

Es un espacio donde el carácter es probado, donde se aprende a honrar, donde se moldea la humildad y donde se cultiva orden. La manera en que un ministerio practica revela la manera en que ministra. Un equipo que ensaya con desorganización ministrará con desorganización. Uno que ensaya con tensión ministrará con tensión. Uno que ensaya con excelencia honrará a Dios con excelencia.

Este capítulo establece los principios de etiqueta, conducta y cultura ministerial que preservan la armonía del equipo y preparan el corazón para ministrar con orden y unidad.

1. RESPETO: LA BASE DE TODA CULTURA MINISTERIAL

El respeto es el primer lenguaje del amor en un equipo. Un ministro de danza demuestra respeto a través de su tono de voz, su actitud en los ensayos, su forma de corregir, su disposición a ser corregido y su trato hacia la autoridad espiritual. La falta de respeto rompe la unidad y contamina el ambiente espiritual.

El respeto se manifiesta en:

- la manera en que se escucha,
- la forma en que se conversa,
- la disposición a seguir instrucciones,
- la sensibilidad para no herir o avergonzar a otro danzor.

Un equipo que se honra mutuamente refleja a Cristo. Un equipo que se critica, se hiere o se corrige con dureza refleja carnalidad. El respeto no es opcional; es fundamento ministerial.

2. COMUNICACIÓN CLARA Y HUMILDE

La comunicación en un ministerio no puede ser ambigua, emocional o pasiva. Debe ser clara, respetuosa y centrada en el propósito espiritual. Muchos conflictos ministeriales no nacen por maldad, sino por falta de comunicación o por comunicación incorrecta.

Una cultura sana de comunicación incluye:

- expresar necesidades sin queja,
- corregir sin humillar,
- pedir ayuda sin temor,
- ofrecer retroalimentación con amor,
- hablar con la verdad sin herir,
- escuchar antes de responder.

La comunicación madura evita suposiciones, resentimientos y malos entendidos. El equipo que aprende a comunicarse bien puede entrar a ministrar con unidad y propósito.

3. PUNTUALIDAD: HONRA AL EQUIPO Y AL SEÑOR

La puntualidad es espiritual. No se trata solo de tiempo; se trata de honra. Llegar tarde al ensayo revela falta de organización, falta de prioridad o falta de respeto al resto del equipo. La puntualidad demuestra excelencia, compromiso y responsabilidad.

Llegar a tiempo:

- honra el tiempo de los demás,
- permite comenzar y terminar con orden,
- evita retrasos en la planificación,
- fortalece la confianza del equipo,
- muestra reverencia por el altar.

La puntualidad también prepara el espíritu. Un ministro apresurado llega desenfocado. Un ministro que llega a tiempo se ajusta, respira, ora y se alinea al fluir del ensayo.

4. SEGURIDAD Y CUIDADO DURANTE LOS ENSAYOS

Los ensayos son espacios de movimiento constante, donde el cuerpo se expone a riesgo. La seguridad no es un aspecto técnico; es una responsabilidad ministerial. Un equipo que cuida su cuerpo honra al Señor y prolonga su efectividad ministerial.

La seguridad incluye:

- calentar adecuadamente,
- usar ropa apropiada,
- evitar joyas que puedan engancharse,
- respetar el espacio de cada danzor,
- mover instrumentos con responsabilidad,
- practicar en áreas despejadas.

La importancia del calentamiento queda firmemente establecida en estas palabras:

> "El calentamiento es primordial... protege contra lesiones y mejora la coordinación."

Un equipo que cuida su salud es un equipo que cuida su llamado.

5. UNIDAD: EL ALMA DEL ENSAYO

Un ministerio dividido no puede ministrar liberación. Un equipo fragmentado no puede producir armonía espiritual. La unidad es la fuerza del grupo, y se construye en los ensayos mucho antes de llegar al culto.

La unidad nace de:

- la humildad,
- la empatía,
- la intercesión mutua,
- la gracia para perdonar,
- la voluntad de servir,
- la decisión de no competir.

Danzar juntos no significa estar unidos. La unidad es un trabajo espiritual deliberado. Es elegir amar cuando hay cansancio. Es elegir servir cuando hay frustración. Es elegir callar cuando la carne quiere hablar. Es elegir mantener el ambiente santo aunque otros estén irritados.

La unidad se cultiva cuando cada miembro entiende que está allí para edificar al otro, no para demostrar superioridad. Donde hay unidad, hay presencia. Donde hay unidad, hay poder. Donde hay unidad, hay libertad para ministrar.

6. ORDEN: UN REFLEJO DE LA EXCELENCIA ESPIRITUAL

El orden en los ensayos es crucial. No se trata de rigidez, sino de estructura. Un ensayo sin orden produce frustración, desperdicia tiempo, desgasta al equipo y afecta la calidad del ministerio.

El orden se refleja en:

- comenzar y cerrar con oración,

- mantener roles claros,
- seguir instrucciones sin interrupciones,
- respetar las explicaciones,
- organizar el espacio físico,
- manejar bien el tiempo,
- practicar con enfoque y honor.

El Espíritu Santo fluye donde hay orden. La Palabra lo enseña al describir la adoración en el templo: cada levita tenía una función, un tiempo y un lugar. Lo mismo se requiere en un ministerio de danza.

7. ENSAYOS COMO ACTO DE ADORACIÓN

Los ensayos deben verse como altar, no como preparación técnica únicamente. Cada práctica es una oportunidad para purificar el corazón, fortalecer la humildad, crecer en unidad y preparar el espíritu para ministrar. Es allí donde se forma el carácter necesario para sostener la presencia en el culto.

Esta verdad queda reflejada en una declaración clave sobre responsabilidad ministerial:

> "Perfeccionar nuestros pasos… asistir a ensayos y hacer sacrificios es trabajo de todo danzor o danzarina."

Ensayar es amar al Señor con el cuerpo, con el tiempo,

con el esfuerzo y con la excelencia. Ensayar es rendir el ego. Ensayar es construir altar. Ensayar es adorar.

ENSAYOS QUE EDIFICAN, EQUIPOS QUE TRANSFORMAN

La etiqueta ministerial, la cultura de honra y el flujo organizado de ensayos no solo moldean el carácter del equipo; preparan el ambiente espiritual para un ministerio eficaz. Un ministerio de danza que practica con respeto, comunicación, puntualidad, seguridad y unidad es un ministerio que ministrará con poder en el altar.

El ensayo es donde se desarrolla la cultura del Reino.

El altar refleja lo que se cultiva en la práctica.

Cuando el ensayo es santo, la ministración también lo será.

DIEZ

calentamiento, prevención de lesiones y condicionamiento físico

EL CUERPO del danzor es un instrumento consagrado. Dios lo usa para transmitir mensaje, profecía, alabanza y adoración. Pero como todo instrumento, requiere cuidado, preparación y disciplina. El calentamiento, la prevención de lesiones y el acondicionamiento físico no son aspectos menores ni detalles técnicos; son expresiones de honra al Señor y actos de mayordomía del cuerpo que Él nos dio. Cada movimiento que se realiza con responsabilidad y cada músculo que se prepara antes de danzar comunican reverencia. Servir con salud, fuerza y claridad es una forma de adoración.

Muchos ven el calentamiento como un requisito deportivo o una exigencia técnica, pero dentro del ministerio tiene un sentido espiritual profundo. Preparar el cuerpo antes de ministrar no es solo ejercicio; es obediencia. Es reconocer que la danza es exigente, que el cuerpo tiene límites, y que Dios merece excelencia, no improvisación. El calentamiento también enseña al danzor a entrar gradualmente en el fluir de la adoración, desbloquear tensiones y lograr plena disposición corporal para servir sin dolor ni distracciones.

La importancia del calentamiento queda expresada con firmeza en estas palabras:

> "El calentamiento es primordial… protege contra lesiones y mejora la coordinación."

Cuando un danzor se salta esta etapa, no solo arriesga una lesión física, sino que también afecta la calidad espiritual y emocional de la ministración. Un cuerpo frío se mueve con rigidez, con dolor y sin sensibilidad. Un cuerpo preparado fluye mejor con el Espíritu Santo porque no está peleando contra limitaciones físicas. El calentamiento es una transición entre la vida diaria y el altar, una forma de separar el tiempo y la mente para lo santo.

La prevención de lesiones es igualmente vital. El ministerio requiere longevidad, perseverancia y salud. Un danzor lesionado no solo siente dolor físico, sino también frustración espiritual al no poder servir con libertad. Por esa razón, el cuidado del cuerpo no es opcional, sino parte del llamado. Los movimientos repetitivos, las elevaciones, los saltos, los giros y las transiciones repentinas son hermosos visualmente, pero pueden generar tensión, inflamación y desgaste si no se ejecutan correctamente. Preparar los músculos, calentar las articulaciones y estirar adecuadamente evita que el cuerpo se debilite con el tiempo.

Así lo establecen tus propias palabras:

> "Como danzor... puedes estar minutos u horas usando tus músculos; debemos protegernos y seguir nuestro calentamiento rutinario antes de danzar."

El calentamiento adecuado aumenta la temperatura corporal, mejora la elasticidad muscular, activa la coordinación y despierta la memoria motora. El cuerpo responde con más precisión, menos riesgo y mayor fluidez. Las lesiones no solo son físicas; también afectan el desarrollo espiritual del ministro. Una lesión que podría haberse evitado puede apartar temporalmente al danzor del altar y limitar su participación en la obra del Señor.

El acondicionamiento físico también forma parte del llamado. Dios no pide atletas, pero sí pide excelencia. Cada danzor debe cultivar fuerza, flexibilidad, estabilidad y resistencia para poder ejecutar movimientos con gracia y claridad. La preparación física no implica competir con estándares del mundo, sino honrar al Señor con un cuerpo que responde adecuadamente al llamado ministerial. Un cuerpo entrenado sostiene mejor los tiempos largos de ministración, las expresiones vigorosas y los movimientos repetidos.

El acondicionamiento no debe verse como carga, sino como oportunidad. Permite que el danzor viva su llamado sin agotamiento innecesario, sin dolor constante y sin limitaciones evitables. La preparación física también es coherente con la verdad de que somos templo del Espíritu Santo. Cuidar el cuerpo es cuidar el templo. Fortalecerlo es prepararlo para servir. Estirarlo es evitar que se quiebre. Entrenarlo es ampliar su capacidad de adorar.

Además, la prevención y el acondicionamiento crean estabilidad emocional en el ministerio. Un cuerpo preparado disminuye la ansiedad antes de ministrar, permite mejor concentración y evita que el dolor distraiga del propósito espiritual. El danzor debe moverse libremente, sin temor a lastimarse, sin sentir que su cuerpo es un obstáculo para su adoración.

La preparación física también se convierte en un espacio de intimidad con Dios. Mientras se estira, el danzor puede orar; mientras calienta, puede agradecer; mientras respira profundamente, puede alinearse espiritualmente. El cuerpo y el espíritu no son enemigos; trabajan juntos. El movimiento no es carnalidad; es instrumento. La preparación corporal puede convertirse en adoración previa, en disciplina devocional que prepara el corazón tanto como los músculos.

El bienestar físico también influye en la armonía del equipo. Cuando todos los danzores se cuidan, se reduce la frustración, se evita la carga adicional en los demás, y se mantiene la estabilidad del grupo. Un equipo saludable es un equipo disponible, y un equipo disponible es un instrumento poderoso en manos de Dios.

En resumen, el calentamiento, la prevención de lesiones y el acondicionamiento físico no son detalles secundarios. Son expresiones de responsabilidad, actos de mayordomía, demostraciones de amor por el llamado y señales de respeto por la presencia del Señor. Un cuerpo preparado permite una danza más libre, más fluida y más sensible al mover del Espíritu Santo. Un cuerpo cuidado prolonga la vida ministerial. Y un cuerpo fuerte honra al Creador, porque la excelencia física refleja la excelencia espiritual.

Un danzor que se prepara espiritualmente y se prepara físicamente es un ministro completo.

Un danzor que cuida su cuerpo puede servir por años sin agotarse.

Un danzor que entiende estas verdades danza no solo con los pies, sino con todo su ser.

ONCE

música y maquillaje como expresiones de adoración

LA DANZA no existe sin sonido ni sin presencia. Cada movimiento necesita un ambiente espiritual que lo sostenga y un mensaje musical que lo acompañe. De la misma manera, la presentación visual del danzor debe reflejar reverencia, claridad y excelencia. La música y el maquillaje son dos elementos que, cuando se usan correctamente, fortalecen la adoración. Cuando se usan sin discernimiento, pueden distraer, confundir o restarle gloria al Señor.

Este capítulo ofrece un enfoque equilibrado y bíblico para seleccionar música y para utilizar maquillaje como parte de una expresión artística sobria, santa y enfocada en Cristo. Ambos forman parte de la preparación integral del ministro, y ambos requieren discernimiento, sensibilidad y entendimiento espiritual.

LA MÚSICA: EL CANAL QUE PREPARA EL ESPÍRITU

La música no es un simple acompañamiento para la danza; es atmósfera, mensaje y dirección espiritual. Una canción puede abrir el corazón o cerrarlo, puede despertar fe o distraer la mente, puede traer libertad o provocar confusión. Por eso, seleccionar música para ministrar no es una decisión estética; es una decisión espiritual.

El danzor debe preguntarse antes de elegir una canción:

- ¿Qué mensaje proclama esta música?
- ¿La letra está bíblicamente alineada?
- ¿Glorifica a Cristo o exalta al intérprete?
- ¿Invita a la congregación a adorar o entretiene la carne?
- ¿El Espíritu Santo da paz respecto a esta selección?

La música es una herramienta poderosa que puede servir al altar o competir con él. El ministro maduro entiende que no toda canción "cristiana" es adecuada para ministrar, y que incluso una canción correcta puede ser inapropiada si no es el tiempo o la atmósfera correcta.

La necesidad de discernimiento queda expresada en tus enseñanzas al recordar que cada danza debe alinearse con el mensaje y la intención del Espíritu. Por eso se recalca:

> "Debemos analizar las letras de la canción... orar y meditar en su contenido y preguntarnos por qué y para quién danzamos."

La selección musical se convierte entonces en un acto de intercesión. El danzor debe orar con anticipación, escuchar con atención y someter cada decisión al Señor. La música correcta prepara la atmósfera, abre el corazón del pueblo, sensibiliza el espíritu y afirma el mensaje que se está ministrando. La música incorrecta corta el fluir, distrae la mente o introduce influencias que no pertenecen al Reino.

La música también debe servir a la danza, no dominarla. El ministro no se mueve para lucir la canción, sino para proclamar a Cristo. La danza interpreta el mensaje, pero el mensaje debe venir de Dios. Una canción llena de verdad bíblica, ministrada con danza rendida, puede transformar un ambiente por completo.

MAQUILLAJE: SOBRIEDAD, CLARIDAD Y REVERENCIA

El maquillaje dentro del ministerio de danza no es un acto de vanidad; es parte del arte visual del ministerio. Sin embargo, debe manejarse con madurez, sobriedad y reverencia. El propósito del maquillaje no es embellecer al ministro para llamar la atención, sino asegurar claridad visual en escena y reforzar la expresión sin caer en exageraciones que distraigan la adoración.

La danza involucra movimiento. El rostro comunica emociones. La congregación debe poder verlas con claridad. Un maquillaje sobrio ayuda a que el mensaje llegue con precisión. Un maquillaje exagerado roba el enfoque y pone los ojos del pueblo en la persona, no en Cristo.

La postura correcta es esta: si el maquillaje ayuda a comunicar reverencia, claridad y honra, entonces es útil. Si distrae, compite o seduce, debe descartarse sin discusión.

El ministro debe examinarse al prepararse, preguntándose:

- ¿Mi intención es claridad o es llamar atención?
- ¿Este estilo refleja reverencia o refleja mundo?
- ¿Estoy resaltando el mensaje o resaltándome a mí mismo?

La danza es un altar. El rostro del ministro es parte de ese altar. No es un lienzo para exhibicionismo, sino un instrumento de adoración. El maquillaje cristiano en el contexto del ministerio debe ser:

- limpio
- sobrio
- discreto
- funcional

- respetuoso del ambiente del culto

Los colores deben complementar la vestimenta y el mensaje, no competir con ellos. Deben facilitar la expresión, no dominarla.

Un rostro exageradamente maquillado puede arruinar una danza ungida.

Un rostro bien preparado puede fortalecerla.

La sobriedad visual también protege la pureza del altar. El servicio no es un desfile de estética, sino un acto de entrega. Cada elemento debe estar bajo la obediencia del Espíritu Santo.

ARTE AL SERVICIO DEL REINO, NO AL SERVICIO DEL EGO

Tanto la música como el maquillaje deben someterse a la misma regla espiritual: todo debe apuntar a Cristo.

Si algo atrae la atención hacia el ministro, debe reconsiderarse. Si algo empuja la adoración hacia Dios, debe abrazarse. La danza no es un arte que busca protagonismo; es un arte que busca glorificar. La excelencia visual es valiosa, pero solo cuando nace de la reverencia. La música adecuada es poderosa, pero solo cuando nace del discernimiento. El maquillaje puede ser útil, pero solo cuando nace de la sobriedad. El cuerpo, la música y la apariencia del danzor se convierten en instrumentos espirituales cuando están en las manos correctas y en el corazón correcto.

BELLEZA, SONIDO Y SANTIDAD EN ARMONÍA

La formación artística del danzor no está completa si no aprende a seleccionar música con discernimiento espiritual y si no desarrolla una perspectiva madura sobre el maquillaje en la ministración. Ambos aspectos forman parte de una adoración integral que combina lo espiritual con lo visual, lo audible con lo corporal, lo técnico con lo devocional.

La música prepara la atmósfera.

El maquillaje clarifica la expresión.

La danza encarna el mensaje.

Cuando estos elementos trabajan juntos, con sobriedad cristiana y reverencia, la adoración se vuelve más profunda, más clara y más impactante.

DOCE

comunidad, discipulado y evangelismo a través de las artes

LAS ARTES dentro de la Iglesia no solo ministran hacia adentro; también extienden la adoración hacia afuera. Son un puente entre la congregación y el mundo, entre el corazón del creyente y el corazón del inconverso. La danza, el color, la música y la expresión visual no se limitan al altar del templo; tienen un llamado misional. Cuando se consagran al Señor, las artes se convierten en herramientas vivas para alcanzar corazones duros, despertar sensibilidad espiritual y testificar del amor de Cristo en formas que las palabras solas no siempre pueden lograr.

Dios usa la belleza para abrir puertas donde la lógica no entra. Usa el movimiento para tocar emociones que han sido bloqueadas por heridas, traumas o experiencias religiosas. Usa la expresión artística para derribar murallas internas.

Las artes son lenguajes del alma, y por eso Dios las emplea para acercar a las personas a su verdad.

En tus propias palabras, esta realidad queda establecida así:

> "El arte es una forma de difundir el mensaje del Padre... puede causar un impacto en las vidas que están en el mundo de pecado y traerlas a los pies de Jesús."

La adoración, por su naturaleza, es expansiva. No se queda encerrada en cuatro paredes. Empuja hacia la misión. Inspira servicio. Despierta compasión. El adorador que entiende esto reconoce que su danza no solo edifica a los santos, sino que también testifica ante los que no conocen al Señor. La belleza se convierte en un idioma misionero, y el arte se transforma en evangelismo visual.

LAS ARTES ALCANZAN CORAZONES DUROS

Hay corazones que no se abren con sermones. Hay mentes que no responden a argumentos racionales. Hay vidas heridas que han aprendido a cerrar los oídos. Pero no pueden cerrar los ojos.

La belleza no pide permiso para entrar. La danza, el color y la música penetran espacios emocionales donde el intelecto está bloqueado. Un solo movimiento puede romper una resistencia. Un color puede despertar esperanza. Un sonido puede activar fe. Una presentación puede provocar lágrimas en alguien que juró no volver a llorar en un culto.

Así lo has experimentado:

> "Una danza ministró mi vida en un momento de dolor... Dios comenzó una sanidad interior en mí ese día."

Lo que ocurrió en ti es lo que ocurre en muchos. La danza tiene el poder de tocar heridas que las palabras no alcanzan. Ese toque se convierte en puerta para el evangelio. Las artes suavizan el terreno, abren el corazón y preparan la alma para recibir la semilla de la Palabra.

LA BELLEZA COMO LENGUAJE MISIONERO

La creación entera habla de Dios. Los colores, la luz, los sonidos y el movimiento forman parte del lenguaje con el que Dios revela su carácter. La belleza, por tanto, no es superficial; es espiritual. Refleja la naturaleza del Creador. En adoración, la belleza se convierte en testimonio visible del Reino.

Por eso enseñas:

> "Recordando siempre que el arte tiene su origen en nuestro

> buen Dios, quien lo ha creado para su gloria y para nuestro deleite.” 【turn1file4†L22-L27】

La belleza tiene propósito evangelístico porque conecta con la imagen de Dios en el ser humano. Aun cuando una persona rechaza la religión, no puede ser inmune a la belleza. La belleza despierta memoria espiritual. La belleza confronta la oscuridad con luz. La belleza hace que el corazón sienta primero, para luego abrirse a la verdad.

Una danza pura, ejecutada con santidad, se convierte en proclamación. Un despliegue de color puede convertirse en predicación visual. Una bandera puede convertirse en mensaje profético para alguien que llegó sin fe. La belleza habla. La belleza invita. La belleza evangeliza.

COMUNIDAD: LAS ARTES COMO PUENTE ENTRE HERMANOS

Las artes también edifican comunidad dentro de la Iglesia. La danza congregacional, la participación de equipos, la creación de piezas colectivas y el trabajo en unidad fortalecen relaciones, rompen barreras y promueven un ambiente de familia espiritual. Donde se danza juntos, se sirve juntos. Donde se ensaya juntos, se crece juntos. Donde se practica humildad, se cultiva unidad.

Los ensayos, las discusiones creativas, el diseño de vestuarios y las horas de práctica se convierten en espacios de discipulado natural. Allí se administran frutos del Espíritu, se modela carácter, se aprende obediencia, se desarrollan dones y se construye cultura de Reino.

La danza no solo forma adoradores; forma discípulos.

DISCIPULADO: LAS ARTES COMO FORMACIÓN DEL CARÁCTER

El arte dentro de la Iglesia disciplina el espíritu, confronta el ego, demanda humildad y enseña a servir. El danzor aprende a manejar frustración, recibir corrección, someterse a dirección y colaborar con otros. La formación artística se convierte en formación espiritual.

Todas las modalidades de danza, todas las herramientas, todas las prácticas técnicas moldean el carácter del adorador. Se aprende paciencia en los ensayos, dominio propio frente a la corrección, amor al trabajar en equipo y diligencia al perfeccionar pasos. El arte forma, pule y transforma. El discipulado ocurre mientras se adora.

EVANGELISMO: CUANDO LA ADORACIÓN SE CONVIERTE EN TESTIMONIO

La adoración no es un fin en sí mismo. Es misión. Es testimonio. Es invitación a Cristo. Cuando un equipo de danza ministra con santidad, excelencia y revelación, está predicando sin palabras. La danza se convierte en sermón visual. La música se convierte en puente. El color se convierte en mensaje. El movimiento se convierte en profecía.

Así se afirma:

> "El arte ha sido un medio valioso para transmitir la fe cristiana y representar las enseñanzas bíblicas."

Por eso la danza es tan poderosa como herramienta evangelística. Puede entrar a lugares donde no permiten predicar. Puede abrir puertas donde la religión ha fallado. Puede provocar preguntas en quienes nunca escucharían un mensaje. Puede sembrar fe donde antes solo había resistencia.

En manos santas, la danza se convierte en misión. En movimientos consagrados, la belleza se convierte en evangelio. En un espíritu rendido, el arte se convierte en salvación.

ARTES QUE ALABAN, FORMAN Y ALCANZAN

Las artes ocupan un lugar central en la misión de la Iglesia. No solo adornan la adoración; extienden la adoración hacia el mundo. No solo forman artistas; forman discípulos. No solo emocionan; transforman.

Cuando la danza, la música y el color se rinden al Espíritu Santo:

- la Iglesia crece,
- la comunidad se fortalece,
- los discípulos maduran,
- y los perdidos encuentran un puente hacia Cristo.

El arte no es un lujo. Es una herramienta estratégica en las manos del Creador.

Un lenguaje espiritual que habla, toca y sana.

Una expresión que evangeliza sin palabras.

Una belleza que revela a Jesús.

TRECE

el deporte como arte

GOZO, VIRTUD Y TESTIMONIO

EL DEPORTE ES un lenguaje universal que atraviesa culturas, generaciones e idiomas. Su capacidad de unir personas, despertar alegría, formar disciplina y crear comunidad lo convierte en una expresión humana profundamente significativa. Aunque muchos lo consideran únicamente entretenimiento o actividad física, el deporte también refleja elementos propios del arte: movimiento, creatividad, estrategia, belleza y expresión. Y cuando se consagra al Señor, puede transformarse en un vehículo de adoración, testimonio y misión, especialmente para nuevas generaciones.

La danza utiliza el cuerpo para adorar abiertamente. El deporte utiliza el cuerpo para crear espacios de encuentro, conexión y alegría compartida. Ambos se convierten en expresiones de belleza cuando se viven con un corazón rendido. El deporte tiene el poder de revelar virtudes del

Reino, formar carácter cristiano y abrir puertas donde la predicación tradicional no siempre es recibida. Por eso, cuando lo observamos desde la perspectiva del Reino, entendemos que no se opone a la vida espiritual, sino que puede ser redimido y usado por Dios como una herramienta poderosa.

En muchas comunidades, el deporte es el primer lenguaje de la niñez y la juventud. Para muchos, la cancha es su refugio, su territorio seguro y su lugar de expresión emocional. Allí los jóvenes se sienten libres, vistos y valorados. Esto convierte al deporte en una base ideal para la misión. Un balón, una carrera o un juego en equipo rompe barreras que a veces la religión levanta y abre puertas que las palabras no siempre pueden abrir. La Iglesia, cuando abraza el deporte como herramienta redimida, encuentra acceso directo a corazones que jamás entrarían a un templo sin una invitación encarnada en amor y cercanía.

El deporte también forma carácter, muchas veces sin necesidad de un sermón. Enseña dominio propio cuando la presión aumenta, humildad al ganar sin soberbia y al perder sin amargura, trabajo en equipo al aprender a depender de otros y permitir que otros dependan de uno, respeto hacia compañeros, entrenadores y reglas, disciplina en cada práctica y perseverancia frente al cansancio o la frustración. Estas son virtudes profundamente cristianas. Por eso, cuando una iglesia incorpora programas deportivos o cuando un equipo cristiano participa en actividades comunitarias, se está haciendo mucho más que jugar: se está discipulando.

El juego limpio se convierte en un testimonio poderoso. En medio de la competencia, el corazón queda expuesto. La manera en que se responde a una falta, la forma en que se celebra, la actitud frente a la derrota y el respeto por los oponentes muestran al mundo quién gobierna el interior del jugador. Una mano extendida para levantar al caído, una disculpa sincera, una actitud humilde al ganar, una sonrisa noble al perder y un espíritu agradecido en cada partido predican más fuerte que muchos mensajes formales. En un tiempo en el que los jóvenes anhelan autenticidad, el deporte se convierte en una plataforma ideal para mostrar el evangelio de manera real y accesible.

Incorporar el deporte dentro de la vida comunitaria de la Iglesia también une generaciones. Niños, adolescentes, jóvenes y adultos pueden participar juntos, fortaleciendo vínculos familiares y lazos espirituales. La cancha crea espacio para la mentoría, el liderazgo saludable, la corrección sana y la construcción de hábitos que más tarde se traducen en madurez espiritual. En muchos contextos, actividades deportivas bien organizadas han reducido tensiones sociales, prevenido conductas dañinas y creado espacios donde la presencia de Dios puede entrar suavemente sin que las personas se sientan presionadas o intimidadas.

El deporte también puede convertirse en celebración y gozo delante del Señor. Aunque no sea danza en el sentido tradicional, el movimiento físico continúa siendo parte del diseño divino. Dios creó cuerpos capaces de correr, saltar, competir y expresar alegría mediante la actividad física. Cuando el deporte se practica con corazón limpio, se transforma en un acto de agradecimiento al Creador; cuando se vive con gratitud, se convierte en adoración; cuando se practica con propósito, se convierte en testimonio. El cuerpo glorifica a Dios no solo cuando danza, sino también cuando se esfuerza, colabora y crea comunidad con integridad.

El deporte, visto como arte redimido, amplía la visión de la Iglesia hacia nuevas posibilidades. Muestra que la creatividad de Dios va más allá de los colores, los sonidos y los movimientos litúrgicos; abarca también la energía, la disciplina, la estrategia y el compañerismo que se encuentran en las actividades deportivas. Las nuevas generaciones necesitan espacios donde puedan expresarse libremente, construir identidad, aprender valores y encontrar a Cristo de manera natural. El deporte es una de esas plataformas donde la luz del evangelio puede entrar sin obstáculos, sin presiones y con impacto genuino.

Cuando la Iglesia entiende esto, no solo adopta una herramienta recreativa, sino un campo misionero profundo. El deportista que vive con el carácter de Cristo (dentro y fuera de la cancha) se convierte en carta viva, en mensaje encarnado y en testimonio del Reino. El deporte entonces deja de ser simple actividad y se convierte en adoración, formación y evangelismo.

CATORCE

Llamado a la consagración

DESPEDIDA A LOS MINISTROS DEL ARTE

MINISTRAR con arte no es un privilegio ligero ni una tarea pasajera. Es un llamado santo que exige vida rendida, carácter probado y corazón consagrado. Ninguna danza, ningún movimiento, ningún gesto, ningún instrumento y ningún color tiene poder si no fluye de un adorador que ha decidido vivir en santidad. El arte, por bello que sea, solo adquiere peso espiritual cuando nace de un altar encendido. Este capítulo final no es una reflexión; es un llamado. Una invitación para quienes han sido marcados por Dios para ministrar a través del cuerpo, del sonido, del color y de la belleza.

Has recibido un don, pero más que un don, has recibido una responsabilidad. Lo que haces no es entretenimiento; es evangelio visual. No es movimiento; es mensaje. No es técnica; es entrega. No es espectáculo; es obediencia. Por eso, la consagración no puede ser negociada. No puede ser pospuesta. No puede ser parcial. Un ministro de arte solo permanece firme cuando su vida está escondida en Cristo, cuando su corazón está sometido a la Palabra y cuando sus intenciones están filtradas por el fuego del Espíritu Santo.

La consagración es más que santidad externa; es santidad interna. Es elegir la pureza cuando nadie te observa. Es renunciar al orgullo cuando te aplauden. Es rechazar el ego cuando te admiran. Es mantener el corazón humilde cuando te reconocen. Es permitir que Dios trate contigo en secreto mucho antes de permitir que te mueva en público. La danza puede encantar los ojos de los hombres, pero solo un corazón consagrado puede atraer la mirada del Señor.

Nunca olvides que tu vida predica más fuerte que tu arte. Antes de que la congregación vea un movimiento, ve tu carácter. Antes de que escuchen la música, escuchan tu ejemplo. Antes de que interpretes una canción, ya han recibido un mensaje a través de tu comportamiento, tu humildad, tu espíritu enseñable y tu forma de amar. La vida del ministro de arte es su danza más poderosa. Sus decisiones hablan más que sus pasos. Su integridad testifica más que cualquier coreografía. Su obediencia revela más que cualquier instrumento.

La oración es tu oxígeno. Sin ella, la danza pierde poder. Sin ella, las banderas pierden significado. Sin ella, los colores pierden mensaje. Sin ella, el cuerpo se mueve, pero el espíritu no ministra. En la oración recibes dirección, discernimiento, corrección y fortaleza. Allí se alinea tu alma con el corazón de Dios. Allí se filtra tu motivación. Allí muere tu carne y se despierta tu espíritu. Allí el Señor te recuerda quién eres y para quién lo haces. Sin oración no hay unción. Sin oración no hay profundidad. Sin oración no hay fruto.

La obediencia es tu ancla. Te sostendrá cuando la luz del escenario quiera elevar tu ego. Te mantendrá firme cuando el cansancio quiera detenerte. Te recordará tu propósito cuando la crítica quiera herirte. La obediencia te mantendrá cerca de Dios aun cuando no entiendas lo que Él está haciendo. La obediencia te preserva. La obediencia te moldea. La obediencia te madura. Y la obediencia te protegerá cuando la ministración te exponga.

Ministrar arte no te hace invencible; te hace vulnerable. Por eso la cobertura espiritual es esencial. Necesitas autoridad, dirección, corrección y acompañamiento. Nada en el Reino se fortalece fuera de la autoridad espiritual establecida por Dios. Un danzor sin cobertura danza solo. Un ministro sin guía se desgasta. Un adorador sin mentoría corre sin dirección. La sumisión no te resta; te preserva. Te guarda del error, del orgullo, de la confusión y del engaño. La cobertura es refugio, no prisión.

Este es mi llamado final: vuelve al altar una y otra vez. Regresa siempre. No permitas que la rutina te enfríe. No permitas que la habilidad te engañe. No permitas que el reconocimiento te robe la humildad. No permitas que el dolor te endurezca. No permitas que el cansancio te aleje. Cada vez que sientas que pierdes el fuego, corre al altar. Cada vez que sientas que pierdes claridad, corre al altar. Cada vez que sientas que el arte te está consumiendo, corre al altar. Allí encuentras vida. Allí encuentras identidad. Allí encuentras dirección. Allí encuentras descanso.

Que nunca olvides esta verdad: tu danza es hermosa, pero tu vida lo es más. tu movimiento inspira, pero tu ejemplo transforma. tu arte ministra, pero tu carácter predica.

El altar no está en el escenario; está en tu corazón. La consagración no es un acto único; es un caminar diario. El llamado no es temporal; es eterno. Que tus pasos siempre apunten a Jesús. Que tu vida siempre refleje su gloria.Que tu arte siempre conduzca al pueblo a su presencia.

Este libro termina aquí, pero tu llamado apenas comienza. Sigue danzando. Sigue sirviendo. Sigue consagrándote. Sigue obedeciendo. Sigue amando al Señor con todo tu ser.

Y recuerda siempre:

la vida del ministro es su mayor ministración.

textos bíblicos clave citados en el libro y tesis

ESTE APÉNDICE reúne las Escrituras fundamentales que respaldan los temas desarrollados a lo largo del libro. Son pasajes que iluminan el arte, la adoración, la danza, el carácter del adorador, la guerra espiritual, la santidad, el ministerio y la misión.

Los textos se agrupan para servir como herramienta de estudio, referencia ministerial y guía espiritual para los ministros de arte que deseen profundizar en la Palabra.

1. TEXTOS SOBRE LA CREACIÓN, LA BELLEZA Y EL ORIGEN DEL ARTE

Génesis 1:1 "En el principio creó Dios los cielos y la tierra."

Génesis 1:27 "Dios creó al ser humano a su imagen."

Eclesiastés 3:11 "Todo lo hizo hermoso en su tiempo."

Éxodo 31:1-6 (Bezalel y Aholiab, llenos del Espíritu para crear arte santo.)

2. TEXTOS SOBRE ALABANZA, ADORACIÓN Y EXPRESIÓN CORPORAL

Juan 4:23-24 "El Padre busca adoradores en espíritu y verdad."

Salmo 100:1-4 "Entrad por sus puertas con acción de gracias."

Salmo 149:3 "Alaben su nombre con danza."

Salmo 150:4 "Alabadle con pandero y danza."

2 Samuel 6:14 "David danzó delante del Señor con todas sus fuerzas."

3. TEXTOS SOBRE SANTIDAD, CONSAGRACIÓN Y CORAZÓN DEL ADORADOR

Salmo 24:3-4 "El de manos limpias y corazón puro."

Romanos 12:1 "Presentad vuestros cuerpos en sacrificio vivo."

1 Pedro 1:15-16 "Sed santos en toda vuestra manera de vivir."

Salmo 51:10 "Oh Dios, crea en mí un corazón limpio."

4. TEXTOS SOBRE GUERRA ESPIRITUAL Y VICTORIA

Éxodo 15:20-21 (Miriam danzando tras la victoria sobre Egipto.)

Josué 6:20 (El pueblo grita y los muros caen.)

2 Crónicas 20:21-22 (El pueblo vence mientras adora.)

Efesios 6:10-18 (Armadura de Dios.)

5. TEXTOS SOBRE EL ESPÍRITU SANTO, REVELACIÓN Y SENSIBILIDAD ESPIRITUAL

Isaías 11:2 (Espíritu de sabiduría, consejo y poder.)

Hechos 2:1-4 (Derramamiento del Espíritu.)

1 Corintios 2:10-12 "El Espíritu todo lo escudriña."

Salmo 143:10 "Enséñame a hacer tu voluntad... Tu buen Espíritu me guíe."

6. TEXTOS SOBRE UNIDAD, CUERPO DE CRISTO Y VIDA COMUNITARIA

Salmo 133:1 "Mirad cuán bueno y cuán delicioso es habitar los hermanos juntos en armonía."

Efesios 4:1-6 (Un solo cuerpo, un solo Espíritu.)

Hechos 2:42-47 (La comunidad entregada al servicio y a la adoración.)

7. TEXTOS SOBRE MISIÓN, EVANGELISMO Y ALCANCE A LOS PERDIDOS

Mateo 5:14-16 "Vosotros sois la luz del mundo."

Mateo 28:18-20 (La Gran Comisión.)

Romanos 10:14-15 "¿Cómo creerán, si no hay quien les predique?"

1 Corintios 9:22 "Me hago todo para todos, para ganar a algunos."

8. TEXTOS SOBRE DONES, TALENTOS Y SERVICIO CREATIVO

Éxodo 35:30-35 (Artistas llenos del Espíritu para obras creativas.)

1 Crónicas 25:1-7 (Levitas expertos en música para ministrar.)

1 Corintios 12:4-7 (Diversidad de dones, un mismo Espíritu.)

Colosenses 3:23 "Hacedlo de corazón, como para el Señor."

9. TEXTOS SOBRE DANZA, INSTRUMENTOS Y EXPRESIÓN ARTÍSTICA EN EL CULTO

Salmo 149 y Salmo 150 (Poderosa exaltación de instrumentos, danza y alabanza.)

Jueces 11:34 (Danza como bienvenida.)

Jeremías 31:13 "Entonces la virgen se alegrará en la danza."

www.ingramcontent.com/pod-product-compliance
Lightning Source LLC
LaVergne TN
LVHW010952110826
845149LV00015B/3303

* 9 7 8 1 9 6 9 1 5 7 0 2 8 *